Introduction to Adlerian Clinical Developmental Psychology

Takayuki Fukasawa

アドラー
臨床発達心理学入門

深沢孝之＝著

アルテ

はじめに

本書は、人の心の発達をアドラー心理学の観点を入れて描いてみようという試みである。

アルフレッド・アドラーによって創始され、現在まで発展しているアドラー心理学（Adlerian Psychology、または個人心理学：Individual Psychology）は、アドラーの存命中もそれ以降も、人の心の成長や発達に強い関心を持ってきた。健康な心とは何か、健全な発達とはどういうことか、心の病理や障害とはどのような状態をいうのか、さらに相手が健康でよりよくなるために自分はどうかかわればよいのか、などについて、実践的に研究してきたといえる。実践現場としては、教育や子育て、発達支援、心理療法、人材育成などと呼ばれる分野が中心であった。そして、そのための独自の視点と考え方を提案してきた。

一方、アドラー心理学と同様の関心を持っているものに、臨床心理学や発達心理学、教育心理学などと呼ばれる分野がある。特に発達的視点から心理的支援を行うものを、臨床発達心理学と呼ぶことがある。アドラー心理学も広くは臨床発達心理学をはじめとする臨床心理学に含まれると思われる。ただアドラー心理学は、主にアカデミズムで構築されたそれらとまったく同じというわけではない。重なるところも多々あるが、違うところもけっこう見られる。アドラー心理学はアドラー心理学として、一〇〇年以上も生き続けてこられたからにはそれなりの相違点や理由がある。

私はこれまで、主に児童福祉や障害福祉、精神医療、産業労働分野における心理臨床業務に携わってきた。したがって、乳幼児から児童期、思春期、青年期、成人期、老年期までの全世代にわたる心理的支援にかかわる機会を得てきたといえる。それらすべての領域において、アドラー心理学は常に私の臨床実践の軸であり、支えであった。もしアドラー心理学がなかったら、私のような非才な者がはたしてそれなりの仕事ができたか疑わしいとさえ思っている。そのくらい恩を感じている。

そしてその過程で、アドラー心理学を大切にしながらも、現場のさまざまなニーズに応えるために、発達心理学を始め関連分野の心理学、医学、生理学、哲学等々を渉猟し、参考にしてきた。また、そのかたわら、カウンセラーを養成する団体の講座を始め、いくつかの大学や短大などでアドラー心理学と発達心理学の講義をしてきている。

本書では、そのような私の経験を元に、アドラー心理学や臨床発達心理学などを使って、人の一生を俯瞰的にとらえようとしている。

アドラー心理学はとてもシンプルで、一般の人に届きやすいのが利点である。しかしそれはある意味大ざっぱともいえ、かえってわかりにくいところもあるという声も聞こえる。「アドラー心理学は理解するのは簡単だが、実際に行うには意外に難しい」とよくいわれている。それでもアドラー心理学は、人生を貫く軸のようなもの、あるいは人間理解の大きな枠組みを示していると私は考えている。本書では、その辺りを示してみたい。

アドラー心理学の説明には、当然アドラー自身や後継者たちの主張にできるだけ沿いながら、日本の仲間たちが発表してきたものを紹介したり、私見もかなり加えている。したがって本書の内容は、アドラー心理学として正統的で正しい解説書というほどのものではない。執筆当初は、まさに「専門的なアドラー的発達心理学の教科書を作るぞ！」と意気込んでいたが、書き始めてみると短期間で、かつ私一人の力ではそのような大仕事はとても無理だと早々に悟った。むしろ私自身の勝手な意見や感想もどんどん入れることにした。違和感を感じられるところがあるかもしれないが、「個人の見解」ということでご容赦いただきたい。

各章は、各世代、テーマについての発達心理学や臨床心理学のごく基本的な知見や知識、理論を簡単に紹介し、後でアドラー心理学の立場からコメントしている。内容は、これまで私が各所で行ってきた講義や研修の内容を下敷きにしている。例示されたエピソードは、実際のケースや個人的な体験などを元に、本質を損なわない程度に創ったものである。

本書によって、読者がアドラー心理学や心の発達に関心を持ち、日々の支援活動やご自身の人生の振り返りの役に立てていただければ幸いである。

目次

第4章　児童期の発達と支援のポイント

第1章　人間の発達とアドラー心理学

アドラー心理学と臨床発達心理学

1　アドラー心理学は発達心理学か

アドラー心理学は、一九一一年にアドラーがフロイトの精神分析学のコミュニティから離れ、個人心理学として自身の見解を打ち出して活躍し始めた当初から、人の心の発達に関心を持ってきた。そして、治療だけでなく、教育や予防にも携わり、世界で初めてといわれる児童相談所をウィーンにいくつも作り、教師たちに今でいうコンサルテーション的な活動を始めた。アドラーは臨床医として心の病の治療に携わりながら、子どもの問題行動の予防や教育にも関心を持った。

つまりアドラーは、人の成長とか発達と呼ばれる現象をテーマにしてきたといえるだろう。しかし、アドラー心理学が発達心理学の一つと認識されることは、これまであまりなかったように思う。

一般に発達心理学といえば、子どもから大人までの心理・行動の発達プロセスを詳細に記述するものと思われている。発達心理学には、科学的な実験や調査によって明らかにされた発達の法則や理論がたくさん存在する。ピアジェを始め、きら星のような発達心理学者の巨人たちの業績が教科書にはたくさん載っている。そして現在もたくさんの発達心理学者が研究を行っており、その知見を発表して社会に貢献している。

アドラー心理学はそれらの発達心理学とはだいぶ違っている。何か客観的、科学的な法則を導き出した、というわけではない。人は何歳頃にはどんな心のあり方をしていて、次の年頃はどんな特徴があるかという、明確な段階論があるわけでもない。そういう意味では、アドラー心理学は発達心理学とはいえない。

それでも長年発達支援に携わった私には、アドラー心理学は人の発達の支援や臨床にとても有効だと思っている。

それを世間に示すためにこれまで、仲間のアドレリアン臨床家たちに声をかけて、スクールカウンセリング（深沢、二〇一五）、思春期・青年期臨床（深沢、二〇一七）そして不登校（深沢、二〇一九）をテーマにした本を出版させていただいた。そのプロセスで改めて感じたのは、アドラー心理学は発達の相談、心理的治療、教育など様々な分野において、実践者の支えになり得るということだった。つまりアドラー心理学は、発達の法則を見出す発達心理学ではなく、「臨床発達心理学」

であるということである。

２　臨床発達心理学とは

麻生・浜田（二〇一九）は臨床発達心理学を、「人の生涯にわたる生物・心理・社会的側面からなる生活文脈の場で起こり得る、さまざまな兆候・問題・障害を包含した時間的・発生的な過程から、人間の心的機構の解明を行い、また、そのことを通して、具体的な発達支援の方法論の検討を行う人間発達の領域」と定義している。つまり、「発達的観点」に基づいて人が抱えている問題をとらえて支援することが目指されている。「発達的観点」とは、「人の成長・変化を時間的な流れの中でとらえる」ということと、「狭い意味での心理的要因だけでなく、生物学的要因や人を取り巻く環境といった社会・文化的要因にも目を向ける」ということを意味する。具体的にはそのような姿勢によって、「乳幼児から高齢者に至るまでの人の発達のさまざまな道筋についての理解を一層広げ深める必要があります」として、「臨床発達的支援の効果を科学的にとらえようとする」ことを重視し、さらに「問題解決型の支援だけでなく、問題の発生を事前に防ぐ、あるいは小さくするような予防的観点」を持とうとする。

　これらはまさに、アドラー心理学の立場とかなり近いということができる。すなわち、「時間的な流れの中でとらえる」のは後に見る優越性追求やライフスタイル形成の理論などと重なるし、生物学的要因や社会・文化的要因にも目を向けるというのは、「全体論」や「対人関係論／社会統合論」と重なるといってよいであろう。アドラー自身も、自身の理論が科学的であることを主張していたし、ウィーンで公衆衛生や心理的問題の予防に向けた先駆的な活動をしていた。

ただ、私は臨床発達心理士運営機構が認定している臨床発達心理士という資格をいただいているが、臨床発達心理士の世界でアドラー心理学の名を聞くことはない。臨床発達心理学は、科学的なエビデンスによるアプローチを重視しているのに対して、アドラー心理学はそういうわけではないため、諸先生方の視野に入ることがなかったからなのかもしれない。

もちろんアドラー心理学も科学性を大切にしていたが、一部を除いてこれまで十分に追及してこなかった。むしろ、主観性（意味づけ）や物語性（ライフスタイル、勇気づけなど）、他者や社会とのかかわり方についての思想性（共同体感覚）を重視してきたといえる。実証性より個別性や物語性を重視する態度は、これはこれで、近年の対人支援領域で注目されてきていることである。例えばナラティブ・セラピーなどの社会構成主義によるアプローチやオープンダイアローグなどの流れである。したがって、アドラー心理学は臨床発達心理学と共通の要因が多くあるが独自の立場もあり、相互に補完し合えるものであると私は考えている。

アドラー心理学から見た人間発達

前述の通り、アドラー心理学は精密な方法と理論に基づいた発達心理学ではないが、人という存在と発達の様相を、大きな枠組みでとらえようとしている、人生を俯瞰している心理学というイメージが私にはある。もちろん、高みの見物的に見下しているという意味ではない。人を大きく理解しながらも、必要に応じて一気に具体的レベルまで降りてこられるのがアドラー心理学のよさである。

アドラー心理学にはたくさんの概念や理論があり、それらすべてが発達に関連するが、以下に特に発達に関係すると思われる考え方や概念を挙げる。アドラー心理学の全体像を理解するには鈴木・八巻・深沢（二〇一五）など他書を当たっていただきたい。

１　劣等感とその補償

（１）生きることと劣等感

人は生まれ落ちた時から、「自分は劣っている」という感覚を持つ。乳児の身体は小さくてろくに動くことができず、養育者がいなければ生きることはまったくできない、周囲の大人たちよりはるかに小さく、か弱い存在である。一歳ぐらいから歩けるようになって言葉が出てきても、まだ十分に動くことも、自由自在にコミュニケーションすることもできない。したがって、人は根源なレベルで劣等感を持っているといえる。

> 人間であることは劣等感を持つことである（アドラー、二〇〇七）

> 自然の観点から見れば、人間は劣等な生き物であるということである。しかし、この劣等であることは、不足していて安全ではないという感覚として人の意識から離れることはない。そのことが、絶え間なく刺激となって、この生に適応でき、自然において、人間の立場が不利でないよう状況を作り出すように予め備える方法を発見させることになった（アドラー、二〇〇八）

> 人類は劣等感に慣れ親しんでいます。人間は、人類が持つ生物学的劣等性に苦しんでいます。生物学的劣等性があるために、人間は集団を形成してきたということ、そして、その劣等性を補償したいという欲求から道具を、始めは防御のために、それから攻撃のために使うようになったこと、また、体力の劣等性を補うために知性を発達させてきた。（中略）人間は、宇宙における自分たちの小ささ、避けられない死、人がこの世に存在するということには破滅もあり限界もあるということを理解するようになりました（ドライカース、一九九六）

このような本質的に脆弱な人が根源的に持つ劣等感をアドラー心理学では、「実存的劣等感」と呼ぶことがある（野田、一九八九）。

二〇世紀前半の臨床心理学の黎明期、パーソナリティを形作るものはなにか、という議論があったという。フロイトは性本能（リビドー）らの諸本能と自我の葛藤を、ユングは祖先の経験や欲求による無意識を、行動主義のワトソンは環境の強化を根源としたらしいが、アドラーは劣等感とそこから生じるその克服への動きをその根源と考えた。

今さらどれが正しいかは人々の関心も少ないし、諸説も統合されてきていて、どれもそれなりに正しいというところだと思うが、一応アドラー派の旗を振る私は、「実存的劣等感」をベースに、実生活で体験するさまざまな劣等感を克服するプロセスが人生を枠づけ、方向づけていくと考えている。リビドーや環境などは、その時々に影響を与える因子であろう。それに現代のアドラー心理学は、アドラー後期の考えを引き継ぎ、劣等感は「目的論」に回収されて、なんでもかんでも劣等感で説明するわけではない。

一方で、世間では劣等感はとてもよく使われて、完全に日常語となっている。劣等感が元々アドラー心理学用語だったとは誰にも知られていないだろう。二〇世紀に勃興した心理学の知識は、専門家から知識人、読書人たちに伝わり、マスメディア等を通して一般の人たちにも広まっていった。古くは精神分析学由来の無意識、自我、アイデンティティ、行動主義由来の条件反射など、昨今はトラウマが代表格か。それらいかにも「心理学臭い」言葉に比べて、劣等感は普通の言葉になっているといえる。広く浸透しているけれども、それが元々何だったのかはあまり知られていない。これもアドラー心理学らしい気がする。

ただ、アドラー心理学では劣等感を日常的な用法より、もう少しきちんと論じている。

（2）劣等性と劣等感

生きていくうえで何らかの不利、ハンデ、障害になり得る客観的な属性を劣等性という。劣等性にはまず、前述の通り、人がこの世に存在することの根源的な弱さである「実存的劣等性」がある。他に、生来的な、生育歴上の身体の脆弱性や病気、障害を「器官劣等性」という。

また、あるマイノリティーの集団・文化に属することで社会的ハンデを追うことがある。これを「社会的劣等性」と呼ぶ。人種、少数民族、属国的立場の国民、下層的・被差別的階級に所属していることなどである。男女の性差、性的マイノリティーの問題もここに入り得る。アドラーは当時としていち早く、男女の平等を訴えていた。

これらの属性を持つ人は、実際に生きていくうえで確かに不利に働く可能性が高い。「劣等性」という言葉に差別的な意図は全くない。

実際は何かの劣等性が客観的に実在するというのは正確ではなく、社会や周囲とその人の属性が適切にフィットしている環境なら、劣等性と呼ぶことは妥当ではないだろう。全ての人の視力が悪ければ、それに合わせて社会が最適化されるので不利とは感じられないということである。

問題は、劣等性を一人一人がどのように受け止めるかである。同じ劣等性を有していても、それをとても気に病む人もいれば、そうでない人もいる。劣等性に対する主観的意味づけ方が重要である。「こうでなければならない」「こうありたい」という思いに対して、現状がそうなっていなければ、「劣等感」という心情を持つ。逆に「別にこのままでいい」と思っていれば、そのことでは劣等感にはならない。私は子どもの頃背が低くて、体が小さいことが劣等感だったが、それはクラスメートや友人が私より背が高くて、なんだか得しているように見えて、「ああなりたい」とうらやましかったからだと思う。

（3）劣等感の補償

劣等感を感じれば、それを何とかしたいという動きが心の中に生じる。その劣等感に対処しよう、克服しようという動きを「補償」という。そのあり方はまさに千差万別である。劣等感を腕力など身体的能力で補償しようとする子どももいれば、大人の期待に沿って動く「良い子」になって、権威者（親や教師）から承認されることで補償する子どももいるし、かわいらしさや幼児性をアピールして人々から保護を得ることで克服した感じを持つ子どももいる。

自分の劣等感を何によって補償するかで、その人の人生は彩られる。そのプロセスは人生そのものとさえいえると思う。それをアドラーは、「優越性追求」と呼び、「マイナスからプラスへ」などと言葉を変えてさまざまに説いていた（Griffith & Powers, 2007）。「優越性追求」は人生を貫く軸であり、生きるエネルギーとなるものである。その動きは一生、止むことはない。

このことが最もはっきり表れるのが、障害者が困難を克服し、新しい人生を生きていくストーリーである。テレビのドキュメンタリーや福祉系の番組などで、頻繁に取り上げられる素材でもあるので目にした人も多いだろう。ただ、マスコミが伝えるストーリーは大衆に受けやすいように、脚色とまでいかなくてもデフォルメをされたり、一面だけしか伝えていない可能性もある。

内田（二〇一七）は、人生の途上に事故や病気で障害を負った中途障害者でパラアスリートになった人たちにインタビューし、その内容を質的研究法によって検討した。その分析の中には、アドラー心理学の諸概念も使われており、「失われていく身体機能の補償」や「過去の記憶や経験に基づく補償」といった、障害に対して障害者の劣等感への補償のプロセスがあること、障害を主体的にどのように意味づけるかが重要であること、自己決定性を高めるためには勇気が必要であること、そしてリハビリやパラアスリートになる過程で接した人々との相互関係の中で、自身を支えてくれたサポートに恩返しをするかのように、「共同体感覚の獲得」がなされることを描き出している。

したがって、劣等感そのものは悪いものではなく、成長への動機になるのは明らかである。

ところで、なぜアドラーが劣等感とその補償に着目したかというと、幼児期にくる病で苦しんだり、肺炎で死にかけたりと身体が虚弱で、さらに幼い弟の死に出会ったりと、自分の弱さや命のもろさに人一倍自覚的だったためと考えられる。彼の生涯はまさに、劣等感の克服のストーリーだった。

一方、かのフロイトは子どもの頃母親にとても大切にされたとか、妻以外の女性関係（妻の妹！）が指摘されている（マクゴールドリック、二〇一八）。そのような経験や性向から、フロイトはエディプスコンプレックスという母親を巡る父子の葛藤物語や、リビドー説のような性的なアイデアに執心したのかもしれない。また精神的に不安定で病的状態にまでなったことのあるユングが、集合的無意識など神秘主義的概念を編み出したのも同様であろう。偉大な心理学者は自らの課題に取り組む中で、偉大な理論を創造したように私には思える。

とにかく、主観的な劣等感から主観的優越感へ向かう動きが人の心の発達の軸である、という視点がアドラー的臨床発達心理学の基盤であると私は考えている。

２　目的論

劣等感や優越性追求の理論が発展して、「目的論」となる。

目的論はアドラー心理学の基礎理論の代表的なもので、アドラー初期の理論が劣等感に関するものであるなら、目的論はアドラー心理学が確立されてくるにつれて明確になったもののようである。

人間の精神生活は、目標によって規定される。考えることも、感じることも、欲することも、

> そればかりか夢を見ることも、これらはすべて規定され、条件づけられ、制限され、方向づけられるのでなければできないのである。（中略）それゆえ、すべての精神の現象は、何かきたるべきものへの準備であるかのように理解することができる。精神の器官は、目標を前に持っているとしか見ることはできない。個人心理学は、人間のすべての現象を、一つの目標に向けられているかのように見なすのである（アドラー、二〇〇八）

人は自分なりに生きる目的を定め、それに向かって自身の行動や思考、感情を使う。それは子どもの頃に概ね定まってくる。「スポーツで一番になりたい」と思えばトレーニングに励み、その競技について勉強し、自分を鼓舞する毎日を送るかもしれない。

反対に「できるだけ安楽に生きたい」と思えば、周囲を観察してなるべく責任を負わなくてもよいようなポジションを見つけようとしたり、未熟さや無能力を示して他者に代わってやってもらえるように諸々を仕向けていくかもしれない。そういう人は、「自分が楽をするためなら、どんな苦労もいとわない」というパーソナリティになるかもしれない。

アドラー心理学では目的や未来を重視するといっても、過去を無視するわけではない。パーソナリティをアセスメントする時に使うライフスタイル・アセスメントで、出身家族の状況（家族布置）や幼少期の思い出（早期回想）を丁寧に聴くように、決してその人の過去をないがしろにしているわけではなく、むしろ丁寧に扱っている方である。ただ、過去を自然法則のような「決定因」として見ないだけだ。「過去がこうだから、今がこうなった」という単純な因果論では決して人を見ない。

先にも見たように、子どもは早い時期から自分なりの目標追求性を始める。自分の要求を通すために、養育者の関心を得るために、きょうだいに負けないために、保育園で目立つために、友達より優位に立つためになどのために、さまざまな試行錯誤をして自分なりの結論を得ていく。そして、「ほしいものがあるときは泣こう」「上の立場の人に従えばよいことがある」「誰が自分に良いことをしてくれるか、よく観察しよう」「力があればほしいものが得られる」などと、経験から学んだことを一般化させて人生の目的としていく。アドラー式の心理療法では、この行動の目標や長期的な人生目標を明らかにしようとする。

人生目標はごく個人的なもので人によって表現のされ方は違うが、それらを超えて人々が共通して持っている根源的な目的は、アドラー心理学では「所属感」と主張する。これはアドラー自身というより彼の弟子で、アメリカでアドラー心理学を再興した精神科医ドライカースが強調したことのようだが、ほとんどのアドラー派の人たちの共通認識となっている。

３　全体論

Holism の訳で、人は「分割できない統合体」であるとする見方である。本来は心と体は分離できず、意識も無意識も分けられるものではなく、思考も感情も矛盾するものではなく、他の多くの心身の諸機能も、その人なりの目標に向かって協調して働いているという見方である。車に例えるなら、目的地に向かうアクセルとブレーキの関係と同じである。

そのように本来は分けられない個人（Individual）を強調したいために、アドラー心理学は個人心理学（Individual Psychology）が「本名」となっている。ただそれは、自分勝手とか自己中心的という意味での個人ではない。一人一人が要素に分解できない違った存在であることを尊重した「個」の強調である。

誤解されやすいのは、アドラー心理学は勇気とか主体的決断を強調するので、意志とか意識を重視しすぎると思われるところである。私はむしろ、アドラー心理学は、意識の限界と無意識（的働き）の重要性をかなり自覚していると思っている。フロイト的な意識と無意識の葛藤のような関係性を考えないだけだ。無意識の合目的性というか肯定的な働きを信頼しているという点で、催眠療法の大家、ミルトン・エリクソンの無意識観に似ていると臨床仲間内ではよく話される。

4　対人関係論

「個」を重視するといっても、けして他者と交わらない「孤」ではなく、人は他者、グループや社会と分かち難く存在しているという認識がアドラー心理学の基本の一つである。Social

Embeddedness と表現され、「対人関係論」とか「社会統合論」と訳されることが多い。「人間の行動は、対人関係上の問題を解決する目的で発動、実行されていく」という考え方で、必ずしも一対一の人間関係だけに限定されるものではないことから、「場の理論」とか「システム論」といいかえることもできる（八巻、二〇一五）。

　これは、心や内面というものは、それだけで独立して存在していることはなく、個人と個人がある社会的文脈の中でコミュニケーションし合うことで心理的現象が生まれているという考えである。昨今の心理臨床界隈で注目されているナラティブ・セラピーや社会構成主義、オープンダイアローグなどの流れと共通した視点であり、時間的にはそれらの先駆であったといえる。

　発達支援においても、単に個体としての子どもの変化を追うだけではなく、その子どもがどのようなコミュニケーションの文脈の中にいるのかを見定めることが大切である。観察や面接においては、その時その子どもはどのような目的でその行動をしたのか、それに対して相手はどのように応じたのか、そしてその子どもはそれに対して……というふうに目的論を加味したコミュニケーションの流れを明確にしていくことが大切である。それによって、例えば親子関係の悪循環を理解できれば、その流れを変えていくための発想がカウンセラーに浮かぶかもしれない。

5　ライフスタイル

アドラー心理学の理論の中で、最も発達的な概念が「ライフスタイル」である。一般の心理学でいう「性格」に相当するが、アドラー心理学独自の人間観から生まれているので、このような用語を当てている。

ライフスタイルとは「自己と世界の現状と目標についての認知」「人生の運動の線」などと説明される。アドラー心理学による心理アセスメントとは、クライアントのライフスタイルを理解することである。そのためにはクライアントが育った環境、とりわけ家族との関係や早期回想（子ども時代のエピソード記憶）などの質問による面接が必要とされる。それらからクライアントのライフスタイルを推測し、言語化して、セラピストとクライアントは共有する。そのプロセスは、体験的にはとても面白いものである。ライフスタイル・アセスメントの方法については、私が解説したもの（深沢、二〇一五）や他書を当たってほしい。

ライフスタイルは、外的環境（家族や学校など）と内的環境（遺伝や器質など）の影響を受けながら、本人が試行錯誤の中で決断を繰り返し、作り上げていくものである。人間の創造的な力を強調するのがアドラー心理学の基本的立場であり、「主体論」とか「個人の創造性」などと呼ばれている。

アドラーはこの個人の主体性や創造性を相当大きく見積もっていた。そのため「思えば何でもできる」と自己啓発書みたいな発言が批判されたこともあったようだが、それ故に支持者が多いところでもある。この主体性の力をどこまで見積もるのか、いろいろな意見があると思うが、アドラー心理学では、何でも自分の思い通りにできると信じているわけではない。遺伝や環境の影響を受けながら、その個人が選び、作り上げていくものが性格であり、限界も認めている。一方で、幼少期のトラウマの影響が大きいのは当然だが、それがすべてを決定するわけではない。トラウマの影響は人によって非常に違う。このような立場を、「柔らかい決定論」という。

ただ、教育や心理的支援においては、主体性や創造性を出発点にしなければ成り立たないだろうと思う。そして必要な時は、「あなたが作った性格なのだから、あなたが変えることができる」というメッセージを送ることが大切である。

そのように人はライフスタイルを発達させて、独自の生き方を作り上げていくが、いつまでも発達するわけではない。アドラーは五歳くらいまで、現代では一〇歳くらいまでにライフスタイルは完成すると主張されることが多い。

ただ私の実感や観察では、思春期もなかなかのライフスタイル変化の時期であり、青年や成人になっても人はさまざまなきっかけでライフスタイルを変えていく人がいる。一方でほとんどの人は、確かに児童期に作り上げたライフスタイルをその後の人生でも維持し続けているようにも見える。それはその方が、ものごとへの対処に注ぐエネルギーを節約でき、結果が予測できるからだ。自分が何者かわからないより、「自分はバカだ、無力だ」と信じて、そのようにふるまうことで、それに沿った現実が現れる方が安心できると人は考えがちである。

6　ライフタスク

ライフスタイルと対になって出てくるものが、ライフタスクである。人生において向き合わなくてはならない課題である。アドラー心理学では基本的に、「仕事、交友、愛」の三つをライフタスクというが、後に時代の要請も考慮してか、自己やレジャー、スピリチュアルなどが追加的なタスクとしていくつか提案されている。

ライフタスクは、人間社会で生きるために、私たちが所属しなくてはならない場であり、人生の舞台である。どの舞台でどのように演じるか、ふるまうかは、もちろん個人で決める。上がりたくない舞台もあれば、得意な舞台もあるだろう。

同じ種類のタスクでも、発達に伴って舞台も変わる。仕事のタスクは子どもの頃は学校だが、大人になると職場になり、交友のタスクも校友や近所の遊び友だちから、趣味や学びの仲間になる。愛のタスクも、親との関係から、交際相手、パートナーや伴侶と呼ばれる人になる。

ライフタスクはとてもシンプルな分類であるがけっこう有用な視点で、クライアントの生活状況の確認や、他者や環境とのかかわり方をアセスメントする時に使える。

私は初回面接などで、主訴や治療目標を定める際に、なにげにライフタスクに沿って聴いていくことで、効率よくバランスよくクライアントを理解できる感触がある。

7 家族布置

子どもの発達に、家族が大きな影響を与えるのは当然である。アドラー心理学でも、家族の影響を重視する。母子関係はもちろん大切である。乳幼児期の発達臨床では「アタッチメント」という養育者との情緒的絆を意味する概念が最重要視されている。アタッチメントも、ライフスタイル形成において非常に大きな影響を与える。

ただ、アドラー心理学では発達への影響をアタッチメントだけでなく、複合的に見ていく。特に「同胞」「きょうだい」の影響を取り上げることが多い。

(1) きょうだい関係

きょうだいがいる場合、彼らは必然的に関係し合う。いない場合も、その環境はその子どもに大きな影響を与える。

きょうだいは人生で最初に出会う他者である。一般にきょうだい同士は、親など養育者の愛情や承認を得るために、早くから意識し合い、関わり合う。時には助け合ったり、時には競争し合ったりする。きょうだいとの関係で学んだコミュニケーションの方法は、後に所属する集団の中での行動に大きな影響を与える。そこには単純に誕生順位だけではなく、性別や年齢差などいくつもの要因が含まれる。

したがって、臨床場面で家族関係からクライエントのライフスタイルを理解するには、親子関係ときょうだい間の関係性に関する情報を集める必要がある。

出生順位によるライフスタイルの違いについて、典型的というかよくいわれるタイプがあるので、一応アドラー心理学の書籍などでおさえておくとよいだろう。占いではないのだから、何番目だからこうだ、と決めつけるのではなく、ライフスタイルを推測する時の手筋のようなものとして使うとよいと思う。

例えば、最初に生まれた子（第1子）が勉強の優秀さで目立っていれば、その次の子（第2子）は、それを見て同じように勉強で頑張って親にほめてもらおうとするかもしれないし、同じ分野では兄・姉にかなわないと悟って違う方法（運動能力など）を選択するかもしれない。

問題は、親や周囲から他のきょうだいと比較されたり、あるいは自ら比較して、その子どもが劣等感などのネガティブな感情を強く感じることである。そういう時、子どもは適切な方法で親の承認を得ることをあきらめて、不適切な方法で親の注目・関心を引こうとすることが少なくない。それは幼児期の赤ちゃん返りやきょうだいのいじめのようなものから、児童期の盗癖や神経性習癖、思春期の非行やひきこもり、自傷など多様である。大人のカウンセリングでも、職場の人間関係に子どものころに身につけたパターンを表していることがある。中間子でいつも周りに合わせることが身についてしまって、「会議で自分の意見がいえない、自分の意見を持つことができない」とこぼす人がいた。子ども時代から不仲だったきょうだいは、結局中高年になっても変わらず遺産相続などでもめるケースをよく聞く。きょうだい関係は人生を通して、対人関係パターンの原型となる。

（2）家族価値

親や家族の影響を考えるとき、「家族価値」と「家族の雰囲気」という概念が利用できる。

「家族価値」は親にとって重要と思われる、子どもに要求する価値観である。どのような方針で子育てをするか、どのような期待を子どもにかけているか、善悪の基準は何か、人生で大切なものは何か、といった判断軸である。それらを親は子どもに教えているのだが、教えているという自覚がない親もいるかもしれない。親にとっては、自身の親やその前の世代から伝えられていて、自明になっていることが多いからだ。「そんなこと、人として当たり前でしょう」というわけだ。そこから、「なんでお前はできないの」と子どもを批判し、諭し、強制することになってしまう。

家族価値には、「無駄遣いしない」といった経済的価値観、「学歴が大事」「常に上位にいなければいけない」、逆に「人並みでなければいけない」といった社会的位置関係における価値観、「やさしくあること」「従順であること」などの行動・性格上の価値観、「男／女らしく」といった性役割による価値観など多く考えられる。子どもは、直接間接に親や養育者から家族価値を示されて、それらを内面化していく。

私の尊敬する老武道家は、幼い頃に祖父からおもちゃの刀を使って切腹の作法を学んだと記していた。昭和の初めの頃と思われるが、元々は武家だったそうである。武士の作法と価値観を叩きこまれて、老武道家はそれを自然に受け止めたようだった。

一方アドラー心理学では、子どもはただ受動的に家族価値を内面化するわけではないということも強調する。子どもは、親の示す価値観に対して受け容れもするが、拒否することもできる。イエスかノーを言うことができるのである。子どもは親や環境にすべてを決められるわけではなく、必ず何らかの主体的な決断を行っている。

しかしここに、先ほどのきょうだい間の競合関係の影響が大きいことがある。例えば、兄や姉が親の価値観に沿った行動でほめられ、下の子どもにもそれを真似るように強いていると、下の子どもはその通りに上の子どもを真似るかもしれないが、自分は兄・姉にはとてもかなわないと思うと、違う方法で親の承認を得ようとするかもしれない。上が勉強が優秀であれば、自分はスポーツで目立とうとするようなことである。

それでお互いの個性が出せて、親もきょうだいそれぞれの違いを承認していればよいが、親が子どもたちの競争心を過度にあおったり、他の選択肢を許さなかったり、ある子どもを称賛して他の子をけなしたりと、差別的な扱いをしている場合などは問題を生じやすい。否定された子どもは自信を失い、やりたいことや適性のあることを見つけられず、なにごとにも意欲を低下させてしまうかもしれない。アドラー心理学的には、建設的に生きる勇気を失ってしまう。そうすると、今度は不適切、破壊的、病的な方法で親の関心や気持ちを引こうとするかもしれない。

（3）家族の雰囲気

「家族の雰囲気」とは、比較的言語化しやすい家族価値に比べて、やや曖昧である。家族の中に漂う、文字通り雰囲気的、非言語的なレベルのルールや行動パターンである。その家族が醸し出している家族のコミュニケーションの質的な感触（暖かい、冷たい、さっぱりしていた、など）として表現されたり、「助け合った」「傷つけ合った」「敵意に満ちていた」「率直だった」といったコミュニケーションの相互作用の描写であったり、「独裁的」「放任的」「無秩序的」など、リーダーシップや意思決定のスタイルとして表現される。

「家族の雰囲気」は多義的で感覚的なものかもしれないが、確実に私たちの行動や対人関係に影響を与える。家族価値は比較的明示的だが、家族の雰囲気は家族価値より自覚しにくいので、変えるのが大変とよく聞くが、私も臨床的には確かにそのように感じる。

8　共同体感覚

そして、アドラー心理学のメイン思想である共同体感覚である。共同体感覚は「精神的健康のバロメーター」であり、「意識的に育てないとならない潜在的な可能性」であるといわれるのだから、発達を考えるには欠かせないはずだ。

劣等感のところで述べたように、生物としての根源的な弱さを劣等感として持つ人類は一人では決して生きていけないので、集団を作って共生し、分業することで協力し合い、生き延びてきた。したがって人が生存するには、共同体に適応することが何よりも求められる。そのための基礎的な資質、心理的能力が人には必要である。それが共同体感覚である。ドイツ語でGemeinschaftsgefühl、英語ではSocial Interest、Social Feeling、Community Feelingなどとされている。昔のアドラーの翻訳書には「社会的関心」とか「社会的感情」などと訳されていたが、「共同体感覚」は野田俊作氏の発案と思う。なかなかよい訳と思うが、十分に原語の意をくんでいるかというとよくわからない。もっとよい訳があるか、場面に応じて別の言葉を使い分けるのもよいかもしれない。

その共同体感覚とは何かについても、その表現や定義はいくつかあり、定まっているわけではない。「相手の関心に対する関心」が基本的な定義のようだが、「つながり感覚」とか、「共同体に対する所属感・信頼感・共感・貢献感であり、精神的な健康のバロメーター」（岩井、二〇一一）という定義もよく使われる。それらは矛盾しているというより、同じ方向を向きながらも、それを使う目的や伝える相手によって表現の水準や仕方が異なるといった方がよいだろう。一般の人にわかりやすく感覚的に伝えるか、カウンセラーなど専門家に心理学的に説明するか、目的の違いである。ただ、統一された定義がないのだから、語る人によって内容が変わってくることは避けられない。「アドラー心理学とは、共同体感覚が何かを巡る言語ゲームである」なんて気取っていえそうである。

アドラー自身は、「相手の目で見、相手の耳で聞き、相手の心で感じる、これが共同体感覚の許容しうる定義である」（Ansbacher & Ansbacher, 1964）と言っていたが、許容しうるというか、わかる人にはわかる式の直感的な表現でしかない。それでもこの定義は、「相手の関心に関心を持つこと」を示しているのは明らかで、発達心理学やカウンセリング心理学でいう「共感」が、共同体感覚とかなり近いことを示している。カウンセリングに限らず、私たちは共感能力によって良好な対人関係を築く。したがって共感能力が低いと、カウンセリングはもちろん上手にできないし、日常の対人関係や社会生活にも支障をきたしてしまう。

ここに現代社会では、発達障害、特に自閉スペクトラム症の話が出てくる。アドラーの時代はまだ発達障害の概念が確立していなかった。アドラーの講義やケースの記録にはよく、「共同体感覚の発達が十分ではない子ども」の話が出てくる。アドラー自身は、その原因として、子育てなどの環境要因からの勇気くじきや劣等感から説明していたが、おそらくその中には今でいう自閉スペクトラム症の人たちがいたであろう、と私は推測している。もちろん自閉スペクトラム症の人たちもその特性ゆえに、強い劣等感を感じ、勇気をくじかれて問題化することは多々あるが、当時は、その概念が発達していなかったので、アドラーでさえも見逃したのかもしれない。

　現在発達心理学は、共感性の発達についてたくさんの興味深い知見を発表している。アドラー心理学による教育や心理療法では、「共同体感覚の育成」がうたわれている。普通の定型発達の子どもであれば、これまでアドラー心理学で紹介されてきた各種の「勇気づけの子育て」プログラムが有効であるかもしれない。しかし、現実にはそうではない子どもたち（大人も）が、たくさんいることが明らかになってきた。その多くは発達障害と呼ばれる範囲の中にいると思われる。また虐待や不適切な養育で、定型発達の資質がありながらも、共同体感覚が十分に育っていないと思わるケースも多い。そのような人たちにとっての共同体感覚の内実とは何か、どのようにしたら育成することができるのかという課題は、アドラー心理学の実践者による個別の取り組みに任されているが、まだほとんど共有されておらず、未解決と私は考えている。今後は発達心理学の知見や仮説を参照し、取り入れながら、発達支援や療育でも参照、使用されるアドラー心理学の構築が必要と思われる。自身の課題でもあるが、アドラー心理学を学ぶ仲間たちの発表にも期待したい。

第2章　乳児期の発達と支援のポイント

本章以降では、発達心理学とアドラー心理学の視点を重ねながら、人間の発達を追いかけていく。発達心理学において取り上げる概念はごく教科書的、基礎的で、発達支援に携わる人の多くが知っているものを中心にしている。そしてそれぞれの世代について、アドラー心理学がどのように考えているのか、さらに私が臨床場面で考えていることや支援のポイントとしていることを付け加えていきたい。

乳児期とは

1　胎児から乳児まで

人の一生は、精子と卵子の受精から受精卵が母親の子宮内で育つことから始まる（胎児期）。胎児の発達の様子は医学機器等の開発が目覚ましく、多くのことがわかってきた。胎児期に入ると、脳の中心部で神経細胞が盛んに分裂して数を増し、それが脳の中心から外側へと移動し、幾種類もの細胞に分化して脳の表面（皮質）に層状にできていく（麻生・浜田、二〇一九）。シナプスが形成され続け、脳が急速にできあがっていくのである。

我が国の新生児医療は世界トップレベルで、新生児死亡率は低く、超低出生体重児の治療成績もすぐれているといわれている。早産や妊娠・分娩経過に問題があると医療が必要になり、周産期医療という分野で対応がなされている。母親や家族の心理的ケアも必要で大切なことなので、近年は総合病院のＩＣＵなどで心理職が配置されているところが増えている。

胎児期はとても重要であるのはいうまでもないが、私はこの分野での心理臨床家としての経験がなく、これ以上実感を伴った詳しい説明ができないので割愛させていただく。興味を持たれた方は、関連書を当たってほしい。

２　乳児の発達

胎児は通常、出生予定日（在胎四〇週〇日）前後で、この世に生まれ出る。そのプロセスは以下の様子らしい。

陣痛がおこると肺胞液は減り始め、さらに産道で胸郭が圧迫されて細胞液が搾り出されます。出生の瞬間、赤ちゃんは、暖かく包まれていた子宮内とは全く違う環境――光や音に溢れ、寒く、支えのない世界――に驚き全身の力を使って息を吸い込み、血液中の酸素が増加します。肺の血管は、血中酸素が増加すると拡張する性質があるので、肺の血管の抵抗が下がり、肺への血流量が急速に増加します。肺への血流が増加すると、肺胞液は血液の中へと吸収され、血中酸素はさらに増加します。こうして出生直後は青みがかっていた赤ちゃんは、みるみる文字通りの赤ちゃんになるのです（麻生・浜田、二〇一九）

まさに死と再生の試練のようなプロセスを経て、長い人生の旅に出た赤ちゃんは、他の動物と違って独力で歩くことも食べることもできず、まったくの無力である。人は満期で生まれても、一年近く経ってようやく他の哺乳類のレベルに達するので、「生理的早産」で生まれるといわれる。進化の過程で大きな脳を持つようになって、産道を通れなくなる前に生まれるようになったためらしい。生理的早産という現象はアドラー心理学的には、「人としての根源的な劣等性」とつながる。

ただ多くの研究によって、赤ちゃんはけしてただ空腹で泣いて哺乳するだけの受動的な存在ではなく、能動的に外界に働きかける存在であることが明らかになっている。

生後間もない新生児に、人の顔あるいは顔のようなパターンの図と目鼻がバラバラな絵を見せると、赤ちゃんは人の顔の方を長く注目するという実験結果がある。赤ちゃんは本能的に人（というか人っぽいもの）に関心を示すのである。

生後二週で、赤ちゃんは見知らぬ人より母親の方をよく見つめるようになり、母親が話しかけるとじっとその顔を見つめるようになる。母親と他の人の母乳の匂いも区別できるらしい。

そして赤ちゃんは、誰にでも笑いかける（無差別微笑）ことで、周りの人を虜にする。実際はまだ人に反応しているのではなく、人の顔っぽいイメージに反応しているのに過ぎないのだが、誰もそうは思わない。赤ちゃんをのぞき込む大人は、自分に笑いかけてくれていると感じる。お母さんもお父さんもおじいちゃんもおばちゃんも、みんな大喜びだ。そのように人と関わること、人に関わるようにさせることは本能として赤ちゃんの中にビルトインされている。そうしなければ栄養が得られず、保護してもらえないからだ。サバイバルのための本能ではあるが、一方でその愛くるしい微笑みで、接する大人をハッピーにさせている。すでに赤ちゃんは自分の行為で、他者に貢献できることを覚えていく。

児童精神科医の滝川一廣氏は、ここで母親たちが子どもを「こころをもつ存在」として扱うことで、子どもの中に心が育っていくことを説いている。

赤ちゃんが泣きだしたとき、養育者（親）はどう反応するだろうか。わが子の泣き声を、未分化な不快感覚への生理反応や受動的な反射に過ぎない、と考える親はいない。わが子から自分への「訴え」と、つまり、能動的なコミュニケーションとして受けとめるだろう。これは乳児を、すでに自分たちと同じように感じたり考えたり意志する存在、つまり〈こころ〉をもった存在として受けとめていることを意味する（滝川、二〇一七）

人生の初期において、このように「養育者の強い思入れによってこそ、精神発達は支えられている」のであり、共同体感覚の育ちは養育者の本能的、無意識的な思い込みによって始まるのかもしれない。そのような養育者との相互作用によって、赤ちゃんの共同体感覚の発達が始まるが、特に重要なのは、一歳前後に他者と関心を共有するようになることである。見たものを指さして親の方を振り返ったり（指差し）、拾ったものを親に見せに来たり（ショウイング）、「ワンワン」と目の前の動物を指さしていったり（ネーミング）、盛んに人と関わろうとする。「共同注意」というこの行為は、発達的に極めて重要な現象として知られる。他者も自分と同じものを見ていること、それを共有できることがわかってくることで、赤ちゃんは一層人に関心を持つようになる。それは後の共感や共同体感覚の種となるといえるだろう。

3　発達段階と発達課題

発達心理学の多くの理論は心の成長を、階段を登っていくようなものとして示している。そのステップには決まった順序があり、あるステップで一定期間過ごして、時期が来たら次のステップに上がっていくことになっている。幼児がいきなり青年になったりしないように、ステップを「飛び級」することはできない。これを発達段階論という。経験的にも納得できると思えるが、その階段には観点によっていろいろな種類がある。有名なピアジェの認知の発達理論などがある。

中でもエリクソンの「心理社会的発達理論」は最も有名で、発達心理学の教科書には必ず出ている。エリクソンの理論は、繁栄期のアメリカ社会の中産階級をモデルにしたもの、という批判をどこかで読んだ記憶があるが、それでも人口に膾炙しており、今でも妥当と思える面も多いので本書でもそれに沿って話を進めていきたい。

エリクソンは、乳児期の課題を「信頼 対 不信」として、養育者との関係で、自分を取り巻く世界が信頼できることを感じる段階と説いている（高橋・中川、二〇一九）。適切な養育を受けることで赤ちゃんは、人は自分の欲求を満たしてくれ、自分が何かをすると目の前の人たちは応答してくれて楽しい気分にさせてくれると感じる。そのような体験を積み重ねることで、赤ちゃんは、世界が信頼できるということを身体感覚レベルで感じ取る。反対に養育環境が不適切であったり、赤ちゃんのニーズに親がタイミングよく応じられない状況が続くと、ニーズが満たされない、満たしてくれないという体験が積み重ねられ、人を信頼するという経験が乏しくなるので、「不信」を感じるようになる。

４　アタッチメントの重要性

「基本的信頼感」とも呼ばれるこの課題に関連して、「アタッチメント」という言葉が大変よく使われる。

アタッチメントは、「特定の養育者との情緒的絆」といったりするが、「不安や恐怖、困難を感じた時にアタッチメント対象を安全基地として利用し安心感を得る関係」（近藤清美・尾崎康子、二〇一七）というのがより正確な定義で、日本語では「愛着」と訳される。アタッチメントは、危険や不安を子どもが感じた時に逃げ込める避難場所（親など）を持てているという感覚であり、その安全感覚があることで子どもは周囲に探索に出られるようになる。子どもが好奇心を持ってふらふら歩いても、ちらちらと母親を見たり、転んだらすぐに母親のところに戻ってくる行動で、アタッチメントの様子がわかる。

アタッチメントはおよそ生後六か月から一歳半、あるいは二、三歳までに体験され、形成されるべきとされる。この時期に特定の人との適切なアタッチメント関係を経験していないと、基本的信頼感を持てず、後々の人格形成や対人関係にさまざまな問題を抱えやすくなるかもしれない。

どのようにしたら適切なアタッチメントが獲得できるかというと、滝川（二〇一七）はこの乳児期の「マザリング」が非常に大切だという。マザリングとは、赤ちゃんの泣き声から「この子は何を訴えているのか」と試行錯誤しながら判断し、働きかけていくことである。空腹のようならミルクを与え、寒そうなら毛布を掛け、オムツが濡れて不快なようなら替えるというような地道な繰り返しである。マザリングを通して、赤ちゃんは、自信の芽となる「能動的な力の感覚」や、安心であるという「護られている感覚」、自分の身体の状態を認知する「身体感覚の分化」が得られるようになる。

そうして、アタッチメントの獲得は、人のものの見方、いわば世界観に大きな影響を与えるので、精神分析学者のボウルビィはそれを「内的作業（ワーキング）モデル」と呼んだ（高橋・中川、二〇一九）。それは他者観と自己観の基礎になるといわれる。

ただ、アタッチメントに問題がある人のすべてが社会的に不適応になるかというとそうではなく、岡田（二〇一一）によると著名人の中に「それらしき人」はたくさん見受けられるという。例えば、幼児期に養子に出された夏目漱石、子ども時代に家族を次々に喪った川端康成、誕生直後に母を失ったルソー、他にも太宰治やミヒャエル・エンデ、ヘミングウェイ、中原中也、種田山頭火などの文学者たちを指摘している。錚々たる面々である。また、母子関係の重要性を説いた精神科医のウィニコットや先の発達理論のエリクソンも愛着の問題を根底に抱えていたとのことである。「だからこそ」という気もする。アドラー心理学的にいえば、自らの欠損感や劣等感を補償する試みとして精神医学や心理学に取り組んだのかもしれない。

５　気質の理解

乳児期からの発達を考える上で考慮に入れたいのが、「気質」である。気質とは生まれ持った個人差であり、「生得的な基礎があり、生まれて間もなくからその特徴があらわれることが多く、ある程度の持続性、安定性がみられる。しかし、個体の養育される環境の影響を受けて多少とも変化する」とされる（無藤隆・岡本祐子・大坪治彦、二〇一一）。一般にいわれる性格が生まれてからの経験でできあがるものだとすれば、その奥の核のようなイメージである。

気質研究の先駆者であるトマスは、活動性、接近性対回避性、生理的機能の周期性、順応性、易刺激性（反応閾値）、反応の強さ、機嫌（気分の質）、気の散りやすさ、注意の範囲と持続性の九つの気質を見出した。さらにトマスはこの九つを、「扱いにくい子どもたち」「エンジンがかかりにくい子どもたち」「扱いやすい子どもたち」の三つに分けている。「扱いにくい子どもたち」は、例えば排泄や空腹などの生理的周期が不安定であったり、激しい泣き反応があるような子どもである。「エンジンがかかりにくい子どもたち」は何かを始めるのに時間がかかったり、新しい状況への順応が悪い子どもたちだったりする（同書）。親にとって、そういう子どもたちの育児ストレスは大きくなりやすいことが想像つくだろう。特に子育てに関心を持てない親や、子どもへの反応が鈍くなりがちな親は、虐待のリスクが高まるかもしれない。

この他に、「エフォートフル・コントロール」といって、情動のコントロール能力、注意を集めたり、移したりする能力も気質によるという。エフォートフル・コントロールの低い子どもは、ポジティブであれネガティブであれ、自分の情動を制御することが難しいので、状況に応じて柔軟に考え、行動を変化させることが難しい（近藤・尾崎、二〇一七）。遊んでいる最中に母親が、「ご飯ができたよ」と声かけしても、なかなかすぐには遊びをやめられないかもしれない。

乳児期とアドラー心理学

1　乳児の状況

管見するところ、アドラー心理学で乳児期を扱っているものは多くない。ただ、アドラーは「乳児の状況」として、乳児の心理状態を解釈している。まず人は生れ落ちてから、先にも述べた、人として根源的に持つ劣等感を体験する。

共同体からの援助を大いに必要とする子どもは、ギブアンドテイクの、要求もするが必要なものを満たすような環境に直面する。〔この環境において〕子どもは、欲求の充足を阻むいくつかの困難にあう。その困難を克服することは、苦痛をもたらす。すぐに自分が子どもであることに由来する苦境があることを知る（アドラー、二〇〇八）

まず自分が不完全であることを感じた乳児は、「欲求を自分よりもずっと容易に満たすことができ、したがって、自分よりも優っている人がいることにすぐに気づく」「生得的な共同体感覚の最初の兆候が現れ、器官に制約された愛情欲求が盛んになり、子どもは大人が近くにいることを求めるようになる」。つまり乳児は自分を守り、欲求を満たしてくれる養育者（多くは母親）を求める。アドラーは後の時代に出てくるアタッチメントという概念の萌芽をつかんでいたといえるだろう。

そして、乳児期の体験が性格（ライフスタイル）の原型になることをアドラーは指摘している。

既にここに性格のタイプが、形成され始める。ある子どもたちは、認めれることを要求し、力を得てそれを示すという方向に発達し、別の子どもたちは、自分自身の弱さについて考え、様々な形でその弱さを示すように見える。子どもがどちらのタイプなのかは、子どもの態度、表現、眼差しを思い起こしさえすればいい。これらのタイプは、いずれも、その環境を理解して初めて意味を持つ。その動きも大抵環境を反映しているのである（同書）

アドラーは、親・養育者と子どもとのコミュニケーションが、後のライフスタイルの種になることを述べているのだろう。適切なかかわりをすれば、子どもは健全なライフスタイルを作りやすくなる。そして、「弱さを克服したいと子どもが努力すれば、子どもは成長するのであり、それはまた、多くの能力を展開させる刺激にもなる」と劣等感を成長のエネルギーにできる。

しかし一方、子どもの発達には数々の困難が存在していることもアドラーは丁寧に指摘している。一つは「器官劣等性」を持っている場合である。「運動の困難、個々の器官の障害、身体の抵抗力が弱い」など、身体的な障害や脆弱性を持った子どもは、この世界が敵対的であるという印象を持つ可能性がある。もちろん絶対にそうなるというわけではなく、アドラーはリスクを指摘しているのである。また、乳児期以降の話になると思うが、今日の発達障害につながる観察もアドラーはしていたと思えるところもある。

> また、話し始めるのが遅かったり、脳の活動の発達が、われわれの文化が期待する子どもよりも長い時間がかかるので、長く不器用であるような子どもである。このような子どもたちが、絶え間なく躓き、動きが鈍く、身体も心も苦しまなければならないことは知られている。彼〔女〕らは、たしかに自分たちのために作られたのではない社会において快適ではない（同書）

アドラーの時代は今日いわれる発達障害についての知識がなかったので、アドラーもそれ以上の言及はしてない。むしろ、子どもの側だけに発達の問題の原因を帰することをアドラーは好まないので、家庭や社会の側、「外界の困難として生じる子どもの環境の欠陥」を強調する。「無理解なまわりの人間が、子どもに無理なことを課すること」「課題が軽率に与えられること」「子どもや家族の経済状況における困難」「親が子どもを愛することが、一定の基準以下に留まる時」（同書）など、不適切な子育てによる子どもへの悪影響について論じている。つまり子どもに無理解で、大人が一方的なかかわりをすること、あるいは十分な愛情や関わりをすることのできない親が存在し、子どもの発達に悪影響を与えてしまうことが懸念されている。これはこれで非常に重要な視点で、今日の児童虐待臨床やトラウマ臨床につながるところである。

２　アタッチメントとライフスタイルの形成

これらのリスクのある子育てを体験した子どもは、世界を安全なところだと感じられず、不信の目で見るようになり、他者よりも自分のことに精一杯になるので、自分にしか関心が向かなくなってしまうかもしれない。

自分たちのまわりに展開する営みを不信の念で見て、孤立し、課題を避ける傾向を持つだろう。

そして、格別の鋭さで、人生の敵意をかぎつけ誇張する。人生の暗い面への関心の方が、明るい面への関心よりもはるかに大きい。大抵、両方の面を過剰評価し、生涯にわたって闘争の立場に固執し、そこで自分に特別の程度の注目を要求し、他の人よりも自分自身のことを考える傾向がある（同書）

これに続いてアドラーは、世界に不信感を持った子どもは、愛情を感じ取る能力が不足し、「愛の関係に境界線を引いてしまっている」ことになり、「優しさを自分の中に閉じ込める」、「不機嫌で難しい性格」になることなどを挙げている。エリクソンの「不信」に先立って、アドラーは人生の初期に子どもが陥る「不信」の問題に気づいていたのである。

このようにアドラー心理学は、アタッチメントの心理学と結ぶことができる。現代のアドラー心理学でも、Smith（2010）は、ボウルビイの内的作業モデル説とアドラー心理学のライフスタイル論はよく似ていて、一致しているところが多いとしている。内的作業モデルとは、アタッチメント対象者（親など）との関係が内在化することで形成される内的表象、イメージといったものである。内的作業モデルの特徴には以下のものがある。

①その時々で、外界の情報を評価する（特に、アタッチメント対象の利用可能性について）

②その時々で、適切な行動モデルを導くモデルとなる。
③通常、意識されることなく働く。
④アタッチメント対象との相互作用の中で形成される。
⑤一度形成されるとなかなか改訂されないが、新しい関係性を経験することによって変化することもある。（近藤・尾崎、二〇一七）

これを見ると内的作業モデルは、ライフスタイルとかなり近いことがわかる。アタッチメントの成長と内的作業モデル形成のプロセスは、地続きといえるかもしれない。

３　乳児とコミュニケーションする

日本のアドラー心理学界の代表的人物の一人、野田俊作氏が「一歳児だと、こちらの言うことは完全に理解できます」「ゼロ歳児に向かって『すみません。お母さん、疲れているの。ちょっと泣かないでもらえますか』と言えばちゃんと聞いてくれる」（野田、一九九四）と書いていた。実際の臨床では言葉の発達には個人差が大きいので、どこまで当てはまるのかわからないが、大変興味深く思ったことがある。

確かに発達心理学の諸研究では、乳児はそれまで思われていた以上に積極的に外界を理解し、かかわる意欲と能力があることが明らかになっている。私のアドラー仲間で、母親支援で活躍されている三宅美絵子氏が、ベビーサインを母親たちに教えている。ベビーサインについて私は詳しくないが、「ことばを上手に話せるようになる前の赤ちゃんと、手話やジェスチャーを使ってコミュニケーションをとる」育児法らしい。ベビーサインを教えると、早い子どもでは六か月くらいから「おっぱい」「もっと」などのサインを覚えて出し始めるという（三宅、二〇一七）。赤ちゃんのコミュニケーション能力を最大限信頼するところがアドラー心理学の精神と通じるのかもしれない。乳児であっても劣った存在として扱うのではなく、一人の人間として尊重する姿勢がアドラー心理学らしい。これから乳児を育てる機会があったら、是非実践してみてほしい。

　この点で、古庄（二〇一一）は、アドラー心理学による教育を論ずる中で、現代の母親は何かと刺激が多い環境で生活しているので、なかなか心を空っぽにして子どもに向き合えない状況にいることを指摘し、母親は「赤ちゃんに関心を持ち、赤ちゃんと協同するスキルを訓練すること」が必要で、乳児であっても「親と子どもがその都度コミュニケーションを図りながら、その時点の可能な範囲でお互いの気持ちや意見を出し合い、わかり合う努力が必要でしょう」と述べている。そしてドライカースの「子どもの教育の開始は、誕生のその日から可能」という意見を紹介している。

　それからアドラー心理学的にも、前述した子どもの気質の理解をすることが、とても大切だと私は考えている。子どもは生まれた時は、決して白紙の状態ではない。昔の行動主義心理学ではそういう前提だったようだが、現代では子どもは、多くの個人差を持って生まれてくることがわかっている。しかし、「育児書にはこうあったから、こうでなければならないはずだ」とか「私の子どもだから、こうであるはずだ」という思い込みから育児をしている人はとても多い。その結果、親は予想と違う現実に悩んだり、乳児を怒ったり、時には深刻な状態に陥ってしまうことがある。日常の子育てで、その子どもがどの気質に当てはまるかが明確にわかることは難しいだろうが、乳幼児は親とは違う一人の人間として、多様性があることを知ることは大切である。「大切なのは何を持つかではなく、持っているものをどう使うかだ」というアドラーの有名な言葉があるが、持っているもの（気質）を理解することがその第一歩になると考えられる。養育者が子どもの持っているものを尊重し、うまく使えるように勇気づけることで、子ども本人も自分の気質を肯定的に感じられるようになること、ひいてはうまく扱えるようになることが期待できる。

アドラー心理学は決して、単純な決定論や因果論で発達を見ないので、乳児期に問題があっても決して悲観的になることはないが、予想できるリスクは軽減しておきたい。この時期に基本的信頼感やアタッチメントの獲得が十分にできない子どもの困難は、大変なものがあるからだ。

現在各地域で妊娠中や出産後の子育て支援策として父母向けの講座が開かれている。子育ての予習として、また子どもを産んだ後の親へのケアとして、乳児期の子育て支援としてアドラー心理学の実践家が増えることを期待したい。

第3章　幼児期の発達と支援のポイント

幼児期とは

1　幼児期の特徴

幼児期は一歳前後から六歳前後まで、一般には保育園や幼稚園に通い始め、小学校に入学するまでである。一歳から三歳頃の幼児期前半は、エリクソンの理論では「自律性 対 恥・疑惑」が発達課題とされる。基本的なしつけを通して、自分自身の身体をコントロールすることを学ぶ段階である。

子どもは親と外出する機会も増えると、親以外の他者に会う機会が多くなる。見ず知らずの他人に対して人見知りや親への後追いが見られると、逆に親とのアタッチメントが確立されたことが確認できる。安心して信頼できる大人とそうではない（かもしれない）大人の区別がつき、不安になって親にしがみついたりするからである。

そして、言葉の獲得と表出が現れる。それに先立って八か月から一〇か月頃に「指さし」が見られる。これは「有意味言語のはじまりにかならず先んじてみられる現象」（滝川、二〇一七）として、発達支援者には重視される。母親に抱っこされた幼児が道端で犬を指さしたとき、指先は犬を意味しており、それを母親に伝えようとする意図の表現であり、母親とその体験を共有しようとしているといえる。まさに言葉の機能を指先が持っている。このような現象を「共同注意」といい、指さしが見られない子どもは、言葉の発達の遅れが見られがちであることは発達支援関係者にはよく知られている。

また、この時期は見るもの聞くものすべてが初めての体験ばかりである。ものに名前があることを知り、急速に吸収するが、同時にそれがどのようなものなのか、よいものか、危険なものか、放っておいてよいものかなどを大人の表情や行動から学び取る。親や園の先生たちの表情や、周りのお友達の動きを見回して様子をうかがう。これを「社会的参照」と呼ぶ。「人の振り見て我が振り直せ」は、人の本性で、これによりいちいち教わらなくても、対人関係の中で物事を学ぶことができるのである。

ただ、この「共同注意」や「社会的参照」の発達が弱い幼児がいることも、支援者の世界では周知のことだ。そういう子どもは「発達特性がある」と説明されたり、既にこの時期に「発達障害」という診断や疑いが持たれるケースも少なくない。

言語が発達し、歩けるようになり、腕や手先を使った簡単な動作ができてきても、まだ危なっかしいことも多い。親は目が離せない。それでも子どもは、「ぼくがやる！」と自己主張をやめない。乳児は適切に育てられると、世界は自分のためにあるというような「万能感」を持つとしたら、幼児は自らの行為によってできることが増えることで、「ぼく、できるよ！」と「有能感」を得る。

幼児期後半（四歳〜六歳頃）は、保育園や幼児園での集団生活に慣れ、積極的に他者と関わるようになる。エリクソンの理論では、「積極性 対 罪悪感」が発達課題となる。自発的に行動することを通して、社会に関与していく主体性を獲得していく段階とされる。家庭や集団生活の中で、善悪判断といった行動規範を獲得し、ごっこ遊びや子ども同士でルールを作って即興的に遊ぶ中で役割行動も学習していく。

２　二者関係から三者以上の関係へ

幼児期は親子以外の対人関係により、他者への関心が広がる時期である。フロイトのエディプス・コンプレックスは、母子の閉じられた関係に父親が入ってくることの葛藤劇だが、それだけで子どもの心が社会化されるわけではない。現代社会はフロイト、アドラーの時代とは違って、むしろ父親の社会化機能は弱っているので、エディプス・コンプレックス論の有効性は限定的だろう。

まずはきょうだいの関係である。きょうだいは人生最初の他者として、幼児の前に現れる。

しかし、きょうだいや祖父母がいず、近隣との交流も少ない家庭が最近は多いであろうから、保育園や幼稚園が社会化の主なトレーニング場になる。

幼児教育については詳しくはないが、親との二者関係から、三人以上の対人関係を体験することによって、子どもの視点は広がる。発達心理学の先駆者にして巨人ピアジェは、幼児は他者から自分はどう見えるかという視点の移動や共有がまだ十分にできず、独りよがりの認識になりやすいことを実験的に明らかにし、それを「自己中心性」と呼んだ。自分が見て感じていることは、他人も同じように見て、感じていると認識するのである。その世界観から脱して、他者の視点からの視点も認識できるようになることを「脱中心化」という。脱中心化は、共同体感覚の発達にとっても、非常に重要な段階であろう。

そのために、自閉症的な発達特性があって、三者関係が作るのが苦手な子どもには、まず一対一の二者関係の交流をするところから始め直す。そこで大人は、子どもの関心に素早く応答して、情動を楽しく共有する体験を積み重ねていくようにしていく。子どもに人と交わることの楽しさや心地よさを味わってもらい、徐々に二者関係以外の他者にも関心を広げていくのである。大人が子どもも同士の共同体験の橋渡しをするのである（滝川、二〇〇七）。

3　身体を通して心を伸ばす

さらに自らの体験も踏まえると、この時期に身体を使い、五感を働かせて遊ぶことは重要であると思う。できれば人工の空間だけではなく、安全を確保した上で自然の中で心身をのびやかに動かす体験がほしい。私の地元のアドラー仲間に、里山保育に関心を持った人がいて、ある保育園におけるその活動の記録映像を見せていただいたことがあった。里山の穏やかな自然の中で遊びまわる子どもたちの生き生きとした表情が印象的であった。二一世紀に生きる今の子どもたちは、これから黙っていてもバーチャルの世界の住人になっていくだろう。それだからこそ、リアルな身体と世界が交わるような体験をしてほしいと願うところはある。

ただ、アドラーやミルトン・エリクソンなど幼児期に病気や障害がありながら、それゆえに成功した人たちのエピソードを知ると、別に身体的に健康な幼児期を過ごせなくても周囲の環境や本人の受け止め方次第で、十分に心の健康を得ることができることがわかる。

アドラーは幼児期、くる病で兄や他の子どもたちは元気に遊んでいるのに自分だけベッドに寝かされていたことや、病弱で肺炎で死にかけたエピソードを語っていた。それによって医師を目指す決意をして、不屈の意志を持つことになったようだ（フーバー、ホルフォード、二〇〇五）。

ミルトン・エリクソン（発達段階論のＥ・Ｈ・エリクソンではない）は一般にはあまり知られていないが、我々心理療法家には著名で、天才的な催眠療法家として多くの臨床家を魅了した。私にもアドラーと並んで、あこがれの人物である。エリクソンの弟子になった臨床家や研究者たちが彼の臨床の様子を研究して、その成果が後の家族療法やブリーフサイコセラピー、ＮＬＰ（神経言語プログラミング）に発展した。そのエリクソンも幼少期は色盲、失音楽症、失読症で、一七歳頃から小児麻痺で身体が不自由になった。エリクソンは、それらを克服する過程で人々の動きを詳細に観察して、自分の体の微細な動きを感じ取り、操作できるように試行錯誤した結果、普通の人は気がつかないほどの細かな特徴をつかむ能力を高めたという（ザイグ、ムニオン、二〇〇三）。それは後に催眠療法の達人となる素地となった。催眠をかけるには、誘導する時に相手がどのような状態であるか、どのように反応しているか、顔や四肢、身体を細かく観察することが必要だからである。これもまさに器官劣等性の補償である。

アドラー心理学とミルトン・エリクソンの臨床、そこから出た各心理療法には、未来志向、解決志向であることなど共通点が多い。それは二人の幼児体験とそれを克服する過程で獲得した思想が似ているからだろう。子どもの頃の病気や障害は、心理的な不適応のリスクになることはあるが、すべてではないことを二人から学ぶことができる。

幼児期とアドラー心理学

1　優越性追求のスタート

子どもが言葉を覚えて会話できるようになり、コミュニケーションが盛んになるとアドラー心理学の出番は増えてくるだろう。二歳ぐらいからしつけが始まるので、アドラー心理学的育児の実践機会となる。ただ本書ではその具体的な内容は扱わないので、関連書に当たるか、できれば実際の講座やセミナーなどを受けてみて、実践を試みてほしい。最近はオンラインも増えたらしいし、全国各地で学べる機会があるかもしれない。アドラー心理学は使ってなんぼである。もちろん、やってみたが、うまくいかなくて悩むこともあるかもしれない。それでも、勇気づけとか、自然の結末とか、アドラー心理学の考え方や方法を知ると知らないでは、子育ての感触はかなり違うと思う。

言葉が出始めの幼児期前期では、複雑な勇気づけの言葉は必要なく、こちらが子どもを対等の仲間として接し、遊んだりして楽しい時間を共有することで、子どもは他者に関心を持ち、コミュニケーションすることが動機づけられる。それは共同体感覚を育てることになるはずである。

そして乳児期から始まる劣等感の補償としての優越性追求、それに伴うライフスタイルの発達が幼児期から本格的に始まる。

子どもは、最初は、多かれ少なかれ、劣等感を持っている、と仮定しなければならない。この劣等感は、目標を設定する推進力である。そこから、子どものすべての努力が発し発展し、人生の未来に向けてのすべての安心と保証を期待し、この目標を達成するために適していると見える道を進むのである（アドラー、二〇〇七）

子どもの劣等感を間違った方向に強化しないように、大人は最大限の注意をすることをアドラーは要求する。前向きで明るいと思われるアドラー心理学だが、リスクや注意喚起をするアドラーの言葉はたくさんあり、この時期からしっかり子どもにかかわらないと、「教育の失敗が始まる」とまでいっている。アドラーが挙げるリスクとは、自分には価値がないと子どもに思わせること、保護されなければならない財産と見なすこと（甘やかすこと）、子どもを余計な重荷と見なすこと、子どもをまともに扱わないこと、子どもを嘲笑すること、子どもを真剣に受け止めないことなどである（同書）。まさに現代に通じる、子育ての問題が指摘されている。

アドラーの本は講演録が元になっていることが多く、時に冗長で読みにくさはあるが、このように警告を与えるときのアドラーの言葉を読むと、臨床家としてのアドラーは、患者、クライアントのリスク要因をしっかりと観察して網羅的に把握していたこと、将来生じうる子どもの問題をきちんと見抜いていたことがうかがわれる。決して明るいところばかりしか見なかったわけではない。子どもが育つ家庭でのリスクや、アドラーが「人生の嘘」と呼んだ、誰もが持つ自己欺瞞性までも考慮した上で、その相手の成長を信じ、相手に合わせた勇気づけをしていただろうと私は想像している。こういうバランスのよいところに、臨床家・アドラーの凄みを、私などは感じるのである。

話を戻すと、劣等感の補償としての優越性追求、主観的マイナスから主観的プラスへ、あるいは完全性への追求が始まると、人生においてそれは止まることはない。それは一生続く。優越性という言葉は競争を連想させるので、好まないという人もいるかもしれないが、「よりよくなろうという思いと動き」と言い換えればよい。子どもは家族や保育園・幼稚園などでの経験から、より上手に、より強く、より立派に、より美しく、よりたくさんなどと、自分なりの人生目標を創りだしていく。

確かに子ども同士のやり取りを観察すると、「ぼくの方がすごいよ！」「ほくのうちはこんなのがあるんだよ！」と競争意識で自慢し合っていることがある。私の息子がこの時期に、「うちの車の方が大きいよ！」と幼稚園のお友だち（ベンツ所有のご家庭）に自慢しているの聞いて、「やめてくれ」と思ったことがある。私の車は、ホンダのファミリーカーであった。まあ、こういうのはどこにでもあるし、子どもらしくて別にやめさせる必要はないと思うが、既に子どもの中に承認欲求や他者との比較による優越感の追求（優越コンプレックス）が始まっていることは見てとれる。アドラーは、「人の最初の、認められようと努力することの兆候」「子どもに、まわりの人に優れているように見せるという目標を設定させる」ことが早くからあると述べており（同書）、優越性を求める子どもの思いが、共同体感覚が示す方向に進んでいくように、「力の追求が優勢にならないように発達させること」、適度に優越性追求がコントロールされることを望んでいた。

2　きょうだいの誕生

第一章で紹介したきょうだい間の競合関係は、幼児期から本格的に始まるケースが多いだろう。

きょうだいが生まれると親の愛情や注目、承認を巡ってきょうだい間でさまざまな葛藤が生じる。きょうだいがいない場合（単独子）も含めて、きょうだい関係が子どものライフスタイルに大きな影響を与えることをアドラー心理学は注意喚起してきた。ライフスタイル（性格）形成において、きょうだいの影響を、アドラー心理学では親子関係と同じくらい重視する。

既にしばしば言及したことだが、人がどんな状況で育ったかを知ることは、人を判断する際に重要である。子どもがきょうだい順位の中で占める位置は、特別の種類の影響を与える。この観点からも、人を分類でき、十分な経験があれば、第一子なのか、単独子なのかなどを知ることができる（アドラー、二〇〇七）

読者には自分のきょうだい関係がどうだったか、自分はどのようにきょうだいを見ていたか、どのような影響を受けたかを一度は考えてみていただきたい。きょうだいがいない人は、その環境をどのように感じていたかを思い出してほしい。今まさに子育て中の人は、子どもたちの様子を観察してみてほしい。カウンセラーは、クライアントのアセスメントの時に、子ども時代のきょうだい関係をクライアントがどのように体験していたかを聴いてみてほしい。自分が感じた劣等感や優越感を思い出したり、家族の中で居場所を作るために、どのようにしようと決めてたかなどについて、多くの気づきがあるかもしれない。

第一子は最初の数年間は一人っ子であり、母親はじめ周囲から大切にされることが多いかもしれない。それが数年もしたら、年下のきょうだいが現れる。突然、大人たちの注意のほとんどはそちらに向かってしまう。第一子の子どもは、これまで得られていた愛情を半分以下に失ったかのように感じる。その内心の心情は、「玉座からの転落」とよく例えられる。

弟や妹にとっても、生まれた時から目の前に存在して、何かとちょっかいを出してくる兄、姉が気になるのは仕方がない。彼らが年長のきょうだいをどのように受け止めるかで、自身の行動が変わってくる。好意を感じてモデルとするか、親に怒られている彼らの姿を見て、反面教師的に「あれはやめておいた方がいいな」と年上と違う行動を選ぶかもしれない。

同様に中間子（複数以上のきょうだいの第一子と末子の間）や、末子、単独子（一人っ子）にとっても、それぞれのポジションから感じられる世界はかなり違う。親にとって、きょうだい関係のマネジメントは、幼児期からしばらく続く子育ての課題となるだろう。

さらに、再婚などによるステップファミリーは、子どもにとって予期しない形で新たな親やきょうだいができるので、子どもの受ける印象はより複雑になり得る。

また、障害児や病弱な子どもがきょうだいにいる場合、それぞれの受け止め方はさらにユニークなものになり得る。健康や健常な子どもは彼らのために我慢する傾向が強かったり、親的な役割を担ったり、きょうだい関係が希薄で単独子みたいに育つ場合などがあるかもしれない。ある人は、兄が自閉スペクトラム症の特徴が強くて、家でもほとんど一人遊びしていたので、下のご本人は「兄と遊んだ記憶がない、印象がない」と話していた。

したがって、出生順位による分析は、「何番目だから必ずこういう性格だ」みたいな法則では決してない。確かに経験的に当てはまる事例は多いものの、一人一人体験している世界は必ず違うはずなので、使う場合は留意が必要である。アドラーは、「実際に劣っているか、客観的にどうであるかは、重要ではなく、どう感じているかが重要なのである」（同書）と言っている。

3　遊びによるライフスタイルの発達

子どもの仕事は遊びである。遊びを通して子どもは身体を鍛え、四肢を動かすことが巧みになり、対人関係などについてたくさんのことを学ぶ。アドラーも子どもの遊びを大切に見ていた。「遊びにおいては、通常、未来への準備を見ることができる」（同書）と、遊びの中に将来の子どもの姿をうかがっていた。アドラーは子どもの遊び場面の観察ポイントをそれとなく示している。

そこで、子どもがどんなふうに遊んでいるか、どんな遊びを選ぶか、子どもが遊びに与える意味に、未来への準備を見ることができるのである。同様に、遊びにおいては、子どもがまわりの

> 人とどんなふうに関係を築くか、仲間にどんなふうに対しているか、即ち、友好的か、敵対的か、特に支配する傾向が強調されているかが常に示される。また、遊んでいる時に、子どもが人生にどのように向かっているかを見ることができる。したがって、遊びは、子どもにとって、非常に重要である（アドラー、二〇〇七）

遊びの観察場面における大切なアドバイスである。

アドラーは、遊びには三つの要素、「人生への準備、共同体感覚、支配欲」が現れるといった。

私は児童相談所に勤務していたところ、依頼されて保育園や幼稚園に出向き、問題とされている子どもの行動観察をする機会が多くあった。「言葉や対人関係の発達が遅れているのではないか」「集団活動ができない」「家庭に虐待の疑いがあり、その影響が子どもにあるのではないか」といった相談がよくあった。私はその保育園や幼稚園で、当該の子どもを含めて、子どもたち全体の様子を観察させていただいた。クラスの授業やお遊戯などの集団活動も大切な観察タイムだが、休み時間に遊んでいる時も見逃さないようにした。そして観察した中で把握しえた子どもの行動特徴を保育士さんたちに伝えて、これからどうかかわっていくべきかを話し合った。

ただ実際は、短時間で子どもの本質的特徴を見抜くことは難しい。先生方や家族は心理カウンセラーに、「たちどころに相手の心を見抜く力」を期待して呼んでくれるが、残念ながらそんな芸当は私にはできない。その際、発達心理学の知識と共に、アドラー心理学の考え方は、私の大きな支えになった。もちろん、「この子は人生への準備ができていません」とか「共同体感覚が低いですね」なんていうわけはない。そういう「共同体感覚」みたいな抽象的で大きな概念を頭に入れながら、それらを構成するだろう概念や要因を現実の中で確認していく。例えば、園での活動に対して積極的か受動的か（仕事のタスク的な視点）、園に楽しく通えているか、他の子どもたちの行動や感情に関心を示しているか、協力的な行動がどのくらいあるか（所属感や共感、貢献感など共同体感覚的な視点）、子ども同士のケンカや張り合いの様子やリーダーシップの取り方（支配性、劣等感や優越感の使い方という視点）、そしてその子どもの行動の目標は何か（目的論的視点）などを頭に入れながら、子どもを観察し、職員の方々と一緒に考えていく。いわゆるコンサルテーションと呼ばれる活動の軸にアドラー心理学がなってくれる。

　問題は、子どもが何らかの不適応な行動や症状を示している時だ。指示されても全然集団活動に入ろうとしなかったり、他の子どもに頻繁に暴力をふるっていたり、過剰に思えるほど大人に甘えていたり、敏感さが強く不安になりやすいような場合だ。その中でケースによっては、子ども本人にセラピーの必要性を検討する時がある。子どもへの心理療法の代表的なものにプレイセラピー（遊戯療法）がある。実はアドラー派のプレイセラピーがあるので、これは児童期のところで少し触れる。

第4章　児童期の発達と支援のポイント

児童期とは

1　児童期の特徴

児童期は七歳くらいから一二歳頃、小学生の年代である。エリクソンの発達課題では、「勤勉性対 劣等感」、学習の習慣を身につけ、基本的な社会生活に必要な知識を学び、体力を養い運動技能を身につけるという段階である。そして学年が上がるにつれて、客観的思考ができるようになり、平和や愛などの抽象的概念も理解できるようになる。

ゲゼルという著名な発達心理学者は、児童期を「心理的に最も安定した時期」といった。確かに健康な子どもは、この時期に最も子どもらしい姿を見せてくれる。元気で、溌溂として、屈託なく、遊びに勉強に積極的である。

児童期の対人関係の特徴としては、「ギャング・グループ（gang-group）」と呼ばれる同性同輩集団が目立つ。これは男子に特徴的で、外面的な同一行動による一体感を重視する（黒沢、二〇一五）。いつも一緒に遊んで、同じ行動を共にする仲間に所属することが重視される。反対に遊びを共有できず、グループに入れないと、疎外感でその子どもの心理的苦痛は高まる。そこから不登校が始まるケースもある。

児童期の子どもは、学校、習い事、地域など家族以外の人たちとのやり取りの中で、人にはそれぞれ性格や能力の違いがあること、相手と仲良くなるためには相手との関係性に応じて判断や行動をしなくてはならないことに気づく。コミュニケーションの複雑な要素をマスターしなくてはならないことを知るのである。しかし、発達障害的な特性がある子どもは、それがうまくできなくて苦労し始める時期でもある。小学校に入ってしばらくして、多動や自閉性など発達障害特性を持つ子どもの存在が、はっきりしてくる。

このように発達障害の特性を持つ子どもたちが、小学校でその特徴が顕在化することは関係者によく知られている。乳幼児の健診では医師や保健師から特に問題を指摘されなかったか、あるいは多少気になるところがあったが「様子を見ましょう」といわれた子どもが、小学校では集団活動に入れない、他の子どもたちとうまくかかわれない、勉強についていけない、集中力がない、トラブルを起こすなどの問題としてクローズアップされることがある。どのように子どもにかかわってよいか迷い、心配になってきて、スクールカウンセラーのところに相談に来る教師や親は多い。最近はスクールカウンセラーが勤務している小学校が増えたので、これが初めての心理カウンセラーとのコンタクトになるかもしれない。我々スクールカウンセラーの責任は大きいと思う。

学業においては、読み書きの基礎学力を身につけることが、まず大切である。学年が上がるにつれて次第に学ぶ内容が高度化して、量、数、重さ、長さ、体積、面積といった抽象的な概念の理解と操作が求められるようになる。つまり、「見えないもの」を理解することが求められる。このような抽象的、形式的な概念の操作が、小学校の高学年に入るころから授業の課題として始まることから、一部の子どもはそれらの習得に困難を感じてしまうことがある。教育関係者の間では、「九歳の壁」とか「一〇歳の壁」といわれる。この壁を軽々と越えられる子どももいるが、必ずしも全員がそうはならない。著しい困難と劣等感を感じて、学校に行く意欲を失ってしまう子どもが増えてくる。不登校の数も学年と共に上がっていく。

臨床的には、児童期の子どもは、まだ自分の心身の状態を感じ取って言葉にする力が不足しているので、自らの心の危機を身体的症状として表すことが多い。発熱、腹痛、頭痛、嘔吐、頻尿、食欲不振、チックなどがよく見られる。

私自身は、小学校が遠方でしかも一人で電車に乗って登校しなくてはならなかったことからか、入学当初は毎朝嘔吐していたらしい。あまり覚えていないが、親から何かにつけてよく聞いていた。

一人の登校が心細くて家から離れたくなかったのだろう。幸い学校が楽しくなって、一か月もすれば私の症状は消失した。

高学年になると、思春期に入ったと感じられる発育の早い子どもがクラスの中に出てくる。ストレスから過敏性腸症候群や円形脱毛症などの心身症、あるいは抑うつ感やイライラした焦燥感が高じたりして、地域の小児科から児童精神科医に回されるケースもある。

2　コロナ禍の心配

本書では、いわゆる時事ネタは入れたくないのだが、やはり新型コロナウイルスのパンデミックは触れないわけにはいかない。二〇二〇年の初春から一年以上、甚大な影響を子どもたちや教育界に与え続けている。新型コロナウイルスそのものの被害ではなく（子どもの被害はほとんどない）、それへの対応として生じた影響である。

突然の休校や自粛生活、諸行事の中止や縮小化、マスク着用やソーシャルディスタンスなど対人関係のあり方の強制的変更が矢継ぎ早に行われ、あまりに急激な変化は子どもや家庭、学校に大きな混乱と困惑をもたらした。

この間政府、マスコミでは、感染対策が優先され、それによる子どもなどへの影響は十分に議論されてこなかった。

私の住む地域ではこの一年間、不登校の増加が関係者から指摘されている。全国レベルでも、うつを訴える子どもや、女性や子どもの自殺数の増加が報道されるようになってきた。

新型コロナウイルス対策について、メンタルヘルスについて、気になることはたくさんあるが、臨床現場にいるだけの身では、全体的な状況はわからない。医療者や研究者の報告が待たれる。ここでは、私が気になることを一つだけ指摘しておく。マスク着用の強制である。子どもたちが毎日朝から晩までマスクをしていることの影響はどうなのか、私は非常に気になっている。特に短期的な健康被害が出ていなくても長期的な影響を懸念する。

例えば、前章で述べたように、「社会的参照」といって幼児期から児童期にかけて、子どもは親や先生たちの表情を見て、その感情を読み取り、相手の心情を推測し、自分の行動を決めていくプロセスがある。幼児期初期の重要な課題だ。共感とはテレパシーではなく、言葉のやり取りと同時に、近い距離での表情やボディランゲージの交換から生まれてくるものである。そういう機会や体験が、マスクライフで大幅に減少したのではないか。そのような子どもはどのように成長していくのだろうか。

また、私はプライベートでは素人ながら武道家としての側面もあり、呼吸をとても大切にしている。マスクによって呼吸が浅くなる人が増えて、その心身への影響も気になっている。心理的な落ち着き、適度なリラクゼーション、よい動きを獲得するには、深くて、腹や心身に染み渡るような呼吸をできるようにしておくことが望ましい。だが、実際は飛沫を防ぐとしてマスクで大声を出せず、つまり深い呼吸はできず、呼吸はマスクにブロックされて浅い呼吸を日々私たちは繰り返している。杞憂であればよいが、歴史上のこの稀有な時期を過ごした子どもたちが、「コロナ世代」としてどのような発達をしていくか、注視していく必要があると思う。

3　児童期の心理的支援

児童期は長く、小学校一年生と六年生では体格も心の発達も相当違う。その中で学校では、知的能力や対人関係の発達に遅れがある子どもたちが一緒に暮らしているのだから、かなり多様な状況となる。

特に対人関係形成の力が弱い子どもたち、自閉症的な発達特性があるとされる子どもたちへの支援は重要である。彼らは認識における「脱中心化」がまだ果たされておらず、人の表情や行動を参考にする「社会的参照」も弱いので、さまざまな場面でトラブルが起きやすい。例えば、友だちとの会話で一方的に自分の関心のあること（恐竜や昆虫など）だけを言い続けたり、先生がクラス全員に向かって話していることの中に自分も入っていることに気がつかなかったりする。

それについて滝川（二〇一七）は、いくつかの重要な示唆を与えており、「社会的なつながり」「共同性」を獲得するには基本的に「二つのきずな」に拠っているという。

（1）ひとつは、情愛で、人との親和感や信頼感
（2）もうひとつは規範で、ひととの間でのルールや約束

私から見ると、（1）（2）とも、共同体感覚の二つの側面であるように思える。

滝川氏は、（1）のためには、大人はその子どもに対して、「親和感を無理なく抱けることをめざす。そこはかとない親しみでよい」という。子どもの一見奇異な言動に対して、「ほう、なるほど」と「面白い子じゃないか」と感じ入るような態度でよいという。子どもの世界を理解しようという、共感的な態度ということだろう。

（2）についても、学校教育の軸ではあるが、関係発達の遅い子どもたちは抽象的な概念の理解が苦手な場合が多いので、ただ、「○○してはいけません」とスローガンを見せればよいというものではない。「（1）の親和的なつながりを土台として、ルールにつまずくつど、そのルールをめぐって個別的・具体的なやり取りを重ねる」ことがポイントである。

アドラー心理学の育児のスローガンに「やさしく、毅然と（Kind & Firm）」というのがあるが、まさにそのような姿勢の下、その子どもの情緒の発達レベル、認識能力に合ったかかわりが必要と考えられる。

1　学校教育への期待

私が見たところ、アドラーは乳幼児と児童を分けずに、「子ども」という呼び方をしていたことが多いようである。ただ、学校の話をする時は、児童期のことを指しているといってよいだろう。

アドラーは、子どもが日々過ごす学校に多大な期待を寄せていた。学校に入るまでほとんどの子どもは家庭で育つが、必ずしもすべてが適切な養育を受けるわけではない。当時のウィーンでも虐待など問題のある家庭は多かっただろうし、時代遅れの価値観を親が子どもに強いたり、暴力的な扱いをしたり、きょうだい間の競争を過度にあおったりすることもあっただろう。アドラーはたくさんの子どもたちが傷つけられていることを知っていたに違いない。そのような子どもたちは劣等感が強まり、自分にしか関心が向かなくなり、人生の課題を避けるようになってしまうという現実を見て取ったに違いない。

アドラーは、学校教育にそのような子どもたちを変えていく力があることを期待した。

　子どもたちの困難に気づき、親の誤りを正すことが、教師の課題である。このより広い社会生活に準備ができている子どもがいる。そのような子どもたちは、既に家庭で他者に関心を持つ訓練がされている。しかし、準備ができていない子どももいる。そして問題に準備ができていなければいつも、躊躇したり、しりごみする。遅れているが、たしかに精神発達遅滞ではない子どもは皆、社会生活への適応という課題の前でためらっているのである。そして、教師は、子どもが新しい状況に立ち向かう援助をするための最善の位置にいる（アドラー、二〇一〇）

果たして、アドラーの願いはかなえられたのか。もしアドラーが現代日本の状況を見たら、いろいろご意見があるだろう。

ただ、アドラーの遺志を継いだ熱心なアドレリアン教師たちによって、アメリカでも日本でもたくさんの実践が蓄積されている。日々の子どもたちへの勇気づけはもちろん中心になるだろうが、その実践方法としてアドラー心理学が独自に開発したものが、「クラス会議」である。子どもたちが集まって（輪になって向かい合うことが多い）、子どもたちから出されたあるテーマの解決について、クラス全体で話し合うというもので、そのプロセスがある程度構造化されている。

私は教師ではないので、クラス会議というものを直接体験したことはないが、知人のアドレリアン教師のデモンストレーションに生徒役として参加したことがある。生徒役から出された課題をみんなで意見を出し合って解決策を探るのだが、輪になって順々に意見や感想を述べていく。司会役（本来は教師ではなく子どもがやる）の進行で、いくつか解決のアイデアが集まってくる。やってみて、自分の発言がみんなから尊重される思いがして、なかなかよいものだと感じた。私の中に、温かい身体感覚が生じた。クラス会議を実践している教師たちの報告を聞くと、その話し合いのプロセスの中で、子どもたちは協力を学び、所属感を体験できる機会になっているのがうかがわれる。

クラス会議の第一人者、赤坂真二氏は、従来型のクラス経営に行き詰って悩んでいた時に、クラス会議に出会い、試してみたという。

するとどうでしょう。トラブルがあるとすぐに「先生〜」と訴えにきていた子どもたちが、「ちょっと話し合おう」と言い出すようになったり、私に内緒でサプライズパーティーを計画したりするなど、それまでは私が投げかけないと動き出さなかった子どもたちが、自分たちから動き始めたのです。（中略）また、クラス会議では、クラスみんなにかかわることだけでなく、個人の悩みに対してクラスの皆が相談にのることがあります。困ったことがあるとみんなが話を聞いてくれるので、クラスに居場所を見失いがちな子どもや孤立しがちな子どもも学校生活に積極的になってくるような姿が見られました。とにかく、授業への集中力は増し、クラスのまとまりは強くなります（赤坂、二〇一四）

ちなみにこのクラス会議は、アドラー心理学をガチガチに学んでいなくても、クラス作り、集団作りのために教師が活用できるようにデザインされている。これは、教師たちにアドラー心理学を普及するためでなく、教師たちの課題（クラス運営）の解決のために誰にでも開かれているからだと思う。私の住む自治体の教育委員会では、毎年赤坂真二氏をお呼びしてクラス経営の研修会を開催していたが、大人気でいつも予約が満席になったと聞いている。これからもたくさんの教師、教育者にクラス会議を学んでいただきたいと思う。

　学校におけるアドラー心理学の実践についてはいくつもの良書があるが、私の地元のアドラー仲間、佐藤丈氏の著作（佐藤、二〇一六、二〇二〇）がお薦めである。長年教育現場で試行錯誤した中で身につけたアドラー心理学的なものの見方と、関わり方のコツが詰まっている。

２　児童期のカウンセリング、セラピーの実践

ただ、どんな優秀な教師ががんばっても、学校生活や友人関係につまずく子どもは現れる。精神的に敏感性や脆弱性があって、集団生活になじめない子どももいる。発達障害の特性のために集団生活でうまくいかない体験を積み重ねてしまう子どもも少なくない。そんな時は、及ばずながら私たちのような心理カウンセラーや外部機関の支援者の出番である。

　アドラー心理学による児童期のカウンセリング、治療については多くの実践がなされてきた。目的論や全体論に基づいたアセスメントとコンサルテーション、勇気づけの実践としてのカウンセリ

ングは私の見聞きする中でも、多くの成果を出してきたと実感している。

ただ、日本のカウンセリングや心理臨床学といわれる領域で、これまでアドラー派のカウンセリングや心理療法が取り上げられることはほとんどなかった。アドラー心理学を学んだ臨床家からの、社会への発信も乏しかった。私たちの努力不足もあるが、その機会をほとんどいただけなかったというのもあるとは思う。

岸見一郎氏がアドラーの著作を精力的に翻訳し、一般へのアドラー心理学の紹介はされていたが、対人支援職の世界にはなかなか届かなかった。それは専門職の活動としても、アドラー心理学を愛する一般の方たちによる社会運動（アドラー心理学内ではムーブメントといわれることが多い）としても、あまりよろしくない状況と私は感じていた。そこに二〇一四年頃、予想外の『嫌われる勇気』ブームがやってきた。空前のアドラーブームというと大げさかもしれないが、私たちにはそう感じられた。「アドラー無視」の状況が一変し、アドラー心理学本の出版が続き、私も「時機が来た！」とばかりにその流れに乗っかるようにして、仲間と共に、主にカウンセラーの立場からの出版に携わった。そして、さらに仲間たちと二〇一九年に日本個人心理学会を設立した。アドラー心理学の学会である。出来立てほやほやの学会です。皆様、是非どうぞ、お入りください。

そして最近、小学校でのスクールカウンセリング（山口、二〇一八）や同じく小学校における発達障害などの発達支援における実践（牛山・山口、二〇二一）が報告された。この中で著者たちは、発達障害が考えられる児童への支援についても、「アドラー心理学の基本的な考えに基づいて支援することで、自ずと発達支援の方向に向かうのではないか」と述べている。ただ、当然それぞれの子どもの発達特性は異なるので、支援者は発達障害についての知識を習得するとともに、個々の発達特性に合わせた「共同体感覚」の育成・発揮のためにかかわり方を工夫することが必要と主張されている。私も同感である。アドラー心理学を児童理解の枠組みにし、臨床発達心理学等の最新の知識、技法をアップデートすることで、よりよい支援ができると考えている。

　ここで余談になるが、私自身は、一九九〇年代から二〇〇〇年代の多くを児童相談所で心理職として勤務した。「登校拒否」という言葉が「不登校」になり、「精神薄弱」が「知的障害」になり、「精神分裂病」が「統合失調症」になり、発達障害や児童虐待が社会問題化してきた過渡期の時代であった。

　その間たくさんの児童期の子どもと家族に会ってきた。アドラー心理学を軸に臨床をし続けてきたが、もちろんいつもうまくいったわけではない。まだ臨床家としても未熟だったので、「ああすればよかったのではないか」といまだに後悔していることもある。ただ、児童福祉の世界は短期的な治療効果について、明確に決着がつくことは少ないのも事実である。中学の時のかかわりが実は種を蒔いていたかのように、数年後に成果が現れることもある。

　ある日、コンビニエンスストアで、私は「先生」と呼び止められた。二〇歳ぐらいの体格のよい青年がニコニコして立っていた。ずいぶん日焼けして、ニッカポッカを穿いていた。上はペンキか何かで汚れた作業着である。「誰だろう」と怪訝な顔をしていると、ふいに思い出した。その六、七年前の、私が児童相談所に勤務していた頃に担当した男の子だった。彼が中学生の時、かなりの多動と乱暴行為で学校や地域で問題視されていた。その背景には家族関係の問題が明らかにあり、児童相談所が介入して、結局彼は家族と別れて生活することになった。私は彼が保護される前から家庭訪問をしてかかわり、保護された時は面接や心理テストを担当した。彼との付き合いはそこまでで、その後は家族から離れた場所で、高校卒業まで過ごした。その後のことを私は知らなかった。この日彼は、仕事帰りに立ち寄ったコンビニエンスストアで私を見つけて、うれしくなって話しかけてきてくれたらしい。体格はがっちりとして、とてもたくましくなっていた。今は服装からわかる通り、建設会社に雇われて、日々現場に出ているらしい。私は彼との再会を喜んだ。

児童福祉の支援はリレーのようなもので、ある時期ケースを担当しても、次は違うところの施設や機関の担当者がかかわっていくことになる。この時間的連携は、担当者がせっかく子どもと親しくなってもブチッと関係が切れてしまうリスクはあるが、現行の制度下では、次に関わる方たちを信頼して、自分のときは精一杯関わるしかない。この青年の場合は、うまくいったケースであったといえるかもしれない。

とにもかくにも、短い付き合いでも彼の私への印象はよかったようであった。これもアドラー心理学を学んでよかったことだと感じている。なんといっても、「横の関係」「相互尊敬・相互信頼」

を意識するようになったことが、問題児のレッテルを貼られた子どもには、よい印象を与えたのだろうと推測している。

まず、クライアントである子どもを尊敬、信頼することを徹底して心がけることである。親子同時に面接をする時は、双方に意識を配りながらも、子ども本人がどう思っているか、感じているかを必ず聴いた。不登校児に家庭訪問する時には、会うことを無理強いすることはせず、拒否されればさっと帰り、少しずつ仲良くなるようにした。非行児を周囲が持てあまして、その方面の施設に入った方がよいと周囲が決めた時も、ギリギリまで説得を試みながら、最後は「施設に行きたくない」という本人の意思を尊重して、逆に周囲の大人たちを説得する側に回った。つまり親や教員ら周りの期待に応えようとするのではなく、子ども本人のニーズに沿うようにした。そうすると、やはり相手も応えてくれるようになるものである。最初は経験不足で正直不安だった私自身が、「横の関係」「相互尊敬・相互信頼」の意義を、多くの「成功事例」で確認できた。

ただ、これらのことは支援者なら当たり前のかかわり方であり、別にアドラー心理学を知らなくても、多くの支援者がやっていることである。私の場合はアドラー心理学の学びを通して、専門家としてのあり方を実践していたということに過ぎない。

3　アドレリアン・プレイセラピー

児童期の心理療法の中心に、プレイセラピー（遊戯療法）がある。子どもは心で感じてはいても、それを言語化する能力は十分ではなく、むしろ身体の動作や症状として表しやすい。大人にするようなカウンセリングは難しいことが多い。しかし子どもは本来遊ぶことが大好きであり、遊びによって元気になっていくものだから、心理療法も遊びを利用するのは自然であった。したがって、子どもの心理療法にプレイセラピーは必須の方法である。

子どもの心の問題を扱う専門施設には、大抵プレイルームと呼ばれるような専用の部屋があり、トランポリンやボールプール、シルバニアファミリーの家などたくさんの玩具がある。普通の子どもたちにとっても魅力的な空間だろう。プレイセラピーでは、その中にクライアントの子どもを招き入れて遊んでもらう。セラピストはその遊びに参加したり、観察したり、何らかの介入をして、「治療的」にかかわっていく。時には体育館や公園でスポーツをしたり、キャンプや登山などの野外活動を利用することもある。

私も、たくさんの子どもたちとプレイセラピーをした思い出がある。若い頃はこれでも体操のお兄さんみたいで、幼い子どもたちや若いお母様方には人気があったが、年を重ねてくると、プレイルームの隅っこで、さえないおっさんが小さな子どもとママゴトをしているという、なかなかの光景ではなかったかと思う。プレイルームに備えつけられているマジックミラーの向こうからは、嫁さんに逃げられた親父に見えたのではないか、とちょっと気になる。

しかし、子どもと遊ぶといっても、こちらも子どもと一緒になって、ただ無心に遊んでいては意味がない。そういうのもよいかもしれないが、一応専門家として子どもの様子を観察し、アセスメントをしながら、適宜必要な働きかけをし、あとで記録としてまとめることが求められる。

現在、プレイセラピーには多くの理論やアプローチがある。精神分析的プレイセラピー、ユング心理学的プレイセラピー、ロジャーズ由来の子ども中心プレイセラピー、認知行動プレイセラピーなど、主な心理療法流派には大体プレイセラピーが開発されている。アタッチメントを高めるためのセラプレイというのもある。それらの中に、アドラー派のプレイセラピーがあるのである。アメリカのプレイセラピーの一四のアプローチの一つとして、しっかり入っている（シェーファー、二〇一一）。この事実は、日本の専門家の間でもほとんど知られていないと思う。開発者はテリー・コットマン博士、ノーステキサス大学のカウンセラー教育の博士課程の学生だった時に開発、発展させた（Kottman, 2020. シェーファー、二〇一一）。コットマン氏は、既存のプレイセラピーを学んでいたが、なかなか自分のスタイルに合わず苦労して、アドラー心理学が一番自分にフィットすると考えて独自に開発したそうである（Kottman, 2020）。それまでアドラー心理学は子どもの教育や臨床を大事にしていたといっても、言語によるカウンセリングやクラス会議など学校教育の現場、親へのコンサルテーションと親教育プログラムが中心で、子ども本人へのプレイセラピーはなかったから画期的なことであったと思う。

彼女は、アドラー派のプレイセラピーは「積極的でかなり指示的なアプローチ」であると述べている。著書や論文を読むと、アドラー心理学らしさが随所に出ていて、プレイの中の子どもの行動から、その行動の目的を推測し、セラピストは子どものライフスタイルを理解しようとし、子どもにも自分の行動の目的やライフスタイルを理解してもらえるように働きかけ、問題行動ではない適切な行動を学習させたり、他者とつながる感覚を体験させることを目指している。保護者とのコンサルテーションもしっかり行う。

効果研究もされていて、一つの無作為化比較試験（ＲＣＴ）、九つのシングル・ケース・デザインの研究がされていて、概ねどの研究も効果があるという結果で、特に「ＡＤＨＤの症状や教室での破壊的な行動を減らし、課題に取り組む時間を増やすことに成功している」、「社会的・情緒的な困難を抱える子どもを支援するための有望なアプローチである」とされている（Meany-Walen, 2020）。

私は残念ながら、コットマン氏から学ぶ機会はなかったが、地元のアドラー・プレイセラピー仲間と著書（Kottman, 1995）の読書会をしていたことがあった。そしてアドレリアン・プレイセラピーの内容と自分がやっていたプレイセラピーを照らし合わせてみて、得るところがとても多かった。

プレイセラピーの意義について、よく心の奥にたまったものを吐き出させてスッキリするといったカタルシス効果や、受容的な姿勢で子どものあらゆる行動を肯定することで自己イメージの回復を目指したりと、アプローチによってさまざまに主張されている。それらはもっともと思うことは多かったが、アドラー心理学を考慮しながらプレイセラピーを実践すると、いくつかの利点があるように思えた。子どもの遊びの中に、課題に対する行動のパターン、すなわちライフスタイルが現れていると考えると、セラピストはきちんと子どもの行動を観察するようになるし、アセスメントにつなげられる。子どもはプレイの中で、単に楽しんでいるだけではなく、暴れたり興奮したり泣いたりとさまざまな「困らせる」行動をすることがあるので、まさに不適切な行動の目標のアセスメントと勇気づけのトレーニングとなる。精神分析的アプローチのように内面の解釈を盛んにするわけではないが、アドラー的な解釈をすることで、例えば注目を過剰に引こうとする行動の意味を子ども本人に伝えたり、保護者へのコンサルテーションに使うことができる。また、プレイセラピー中のごっこ遊びやボードゲーム、キャッチボールなどの活動に、「協力」という要素をセラピストが意識することで、子どもから協力行動を引き出そうとする。つまり共同体感覚の育成に向けての種まきである。

今後は日本の児童臨床の現場にも、アドラー心理学的プレイセラピーが広まることを期待したい。

最後に、アドラー派のプレイセラピストの役割を引用する（シェーファー、二〇一一）。子どもと関わるうえで、大切なことが簡潔に記されている。

1　子ども、親、教師、子どもの生活におけるそのほかの重要な人たちと平等な関係をつくります。
2　子どもの思考、感情、行動、関係、態度を探ります。
3　自分、他者、世界に対する子どもの知覚を探ります。
4　親や子どもの生活に及ぼす人たちの思考、感情、行動、関係、態度を探ります。
5　子ども、親、家族、教師の個人内、個人間のダイナミクスについて、概念化していきます。
6　子ども（もし必要なら親や教師）のための治療計画を立てます。
7　子どもが自分の個人内、個人間のダイナミクスについて洞察を得られるように、また、自分、世界、他者について新しい決定ができるようにワークします。
8　子どもが新しい対人スキルを学び実践できるように援助します。
9　親や教師にコンサルテーションを行い、彼らが子どものよいところを伸ばし、より建設的な方法で子どもとの関係を実践できるようにします。

4　不適切な行動の目標

子どもは共同体（家庭や保育園、幼稚園、学校など）で所属感を得ることに失敗したり、失敗するかもしれないと危機を感じると、適切に行動することをあきらめ、不適切な行動をあえて選択するようになる。そのときに取る選択肢には大きくは四つあると、ドライカースは示した（ドライカース、ソルツ、一九九三）。「注目・関心を引く」「どちらが強いか戦う（権力闘争）」「復讐する」「無気力を示す」などと表現される。幼児では権力闘争や復讐までは少ないかもしれないが、児童期以降は、一通りはあり得る。

ただそれらをアドラー心理学では「問題行動」と決めつけず、「不適切な行動」としている。そのような子どもは、勇気をくじかれているので、普通のやり方では大事な人たちや所属する場につながることができないと感じるようになってしまっていると考える。だから大人は、頭から子どもを怒ったりして、無理やりにその行動を修正させようとしないようにするべきである。このドライカースの理論では、子どもの行動が「注目・関心を引く目的がある」と見立てられれば、それに対して、「不適切な行動に注目せず、適切な行動に注目する」などといった対処方法もちゃんと示している。もう五〇年以上前に開発された方法だが、実によくできていて今でも現役である。詳しくは関連書を当たってほしい。

ただ、カウンセラーなど支援者は、子どもの問題や症状の行動の目標が推定できたとしても、あくまでも仮説なのだから、決めつけにならないように気をつけるべきである。子ども本人に確認する場合は、「もしかして、あなたはお母さんに注目してもらいたいのかな」と弱め言葉や疑問形で尋ねることをアドラー心理学では推奨している。時々、「うん、そうだよ」とあっさりと認める子どもがいて、こちらが拍子抜けすることもある。

またドライカースは、子どもを親や大人の求める方へ無理やりに修正させるのではなく、子どもの意思を尊重しながら、丁寧にかかわっていくことを勧めている。

> 子どもを違った方向へ導こうとする私たちの努力がたとえ無駄に思われても、子どもも一個の人間であり、自分なりの選択や決断を持っているのだということを決して忘れてはいけません。子どもの下した選択や決断に、私たち大人が責任を感じる必要はありません。それはあくまで子どもの責任なのですから。これもまた平等の一種であるといえるでしょう。（中略）もちろん、すぐに解決策が見つかるとは限りません。（中略）子どもたちの抱えている問題の多くは、ひとつひとつ手順を踏んでいくことによって解決することが出来ます（同書）

もちろん、この四つでは収まらない目標もある。ドライカースは、幼い子どもにはこの不適切な四つの目標のアセスメントがやりやすいが、一一歳以上ではさらにいろいろな目標が出てくると述べている。例えば、「スリルを求める。男らしさにこだわる、物質的な欲望を満たそうとする」などである。カウンセリングなどの面接では、その子ども独自の目標を見出し、本人と共有しようとすることが大切である。

第5章　思春期の発達と支援のポイント

思春期とは

1　思春期の特徴

思春期は第二次性徴が始まってから成人になるまでの期間（九歳頃～一九歳頃）、発達心理学では前期青年期などといわれることもあるが、その独特な現れから思春期（puberty, adolescence）と特出しされて扱われることが多い。確かに「多感な時期」として、親や教育者、そして当の本人も、大変さを感じることが多い。

思春期に入ると骨や筋肉といった体の構成要素が著しく成長し、身長、体重、胸囲などが変わっていく。性ホルモンの分泌による身体の変化も大きい。「性の目覚め」というやつである。思春期の「春」はもちろん四季の春ではなく、「性」の隠語であろう。「思性期」では生々しすぎるので、日本的伝統表現の奥ゆかしさ（？）を感じるが、確かにこの時期は性衝動が高まり、この影響は甚大である。私は男性なので女性の実感はわからないが、この時期男子の頭の中は「異性の〇」でいっぱいである。その空いた余白で勉強やスポーツをしていた感じである。

ただ、性に対する認識と態度はその人が育った時代の関数であるので、私の世代（昭和四〇年代生まれ）と今現在思春期の人たちでは、感じ方が違うかもしれない。私の世代は、性はとにかく「エロいもの」であったと思う。隠され、ほの暗く、隠微なイメージがそこにはまとわりついていた。思春期に入った少年がその扉を開けるのは、胸躍るも怖いものがあった。現代は不十分とはいえ、性教育のあり方が少しずつ進み、性表現の多様性が認められるようなよい流れがあるが、インターネット等での性情報の氾濫もある。よい意味でも悪い意味でも、明け透けになってきている。

それと同時にエネルギー全般が高まるので、特有の衝動性を伴う情緒の不安定を感じる子どもも多い。また学校や社会から押しつけられる性役割による振る舞い方や考え方に違和感を感じたり、自身の性的アイデンティティの悩みや揺らぎを自覚する子どもも出てくる。

他者との比較に敏感になるので、自身の身体に対する不満や劣等感を強く感じやすくなる。「私のこれさえなければ／これさえあれば、私は幸せなのに」と悩み出す。背が伸びない子は「もっと大きくならないだろうか」、高くなり過ぎたと感じる子は「早く成長が止まらないかな」などと、身長や体型、容姿など自分の成長に対する不安や不満を感じやすい。

思春期の対人関係の特質は、「チャム・グループ（chum-group）」と呼ばれる。同性同輩集団で、内面的な類似性や同質性の確認による一体感を重視する。アニメやアイドルなど同じ興味関心で結ばれる仲良しグループを作る。その仲間内で通じる言葉を作ることもある。チャム・グループは、女子にその特徴が強いという（黒沢、二〇一五）。児童期のようにワイワイ集まって群れるというより、より少数で、親密に価値観の共有を相手に求めるようになる。

それは逆に相手と言葉が通じない、話が合わない、理解し合えないといった状況になると、その子どもは疎外されたと感じるようになる。

昔の思春期を説明したテキストには、この時期を「疾風怒濤の時代」と形容していたことが多かったが、今は必ずしもすべての子どもがそれほど激しい状態になるわけでもないことが、各調査からわかっているようだ。時代柄かわからないが、多くの子どもは悩みながら、反抗しながら、何とかこの時期をくぐり抜けているようである。

2　思春期の問題

だが、臨床的には周知の通り、さまざまな問題や症状が噴出する時期といってもよい。

性欲や攻撃性などの衝動性による暴力行為や非行行為、異性への関心や同性へのライバル意識による逸脱行為、他者との比較による優劣意識などが現れる。そのような中で学校ではいじめが生じ、時に大きな問題になる。特に日本においては教室や学校は諸外国に比べてかなり閉鎖的であるので、いじめが生じる空間になりやすい、といじめの研究者はよく指摘している。

不登校は中学校に入ってから激増していく。その原因として、以前のような子ども固有の問題や病理に帰するというより、子どもと学校との不適合のためと指摘されることが多くなった。

思春期は親密な対人関係を求める一方で、自己というものに目覚めるときでもある。「自分とは何か」という懐疑が生まれ、自意識が高まる。中には、自己の限界性や虚無感により死を意識するまで感性が研ぎ澄まされる人もいる。必ずしもそれは自殺を意味するわけでないが、中にはそこまで考えてしまう子どもも出てしまう。不登校を経験した作家や哲学者、芸術家、芸能人らの語る思春期のエピソードとして、「すごく思いつめて辛かった」「学校が無意味に感じられた」「生きている意味がわからなかった」というエピソードをよく聞く。

ただ、多くの子どもはそこまで思いつめることはなく、むしろ大人社会が作った枠組みを疑うことなく適応する。大人になってから、「何にも考えないでここまで来ちゃいました」という人は、私の周囲やクライアントも少なくないと感じている。

一方現実世界では、進路という課題が迫ってくる。児童期は途方もない夢を持つことが健全さの証のようなところがあるが、中高生になるとそれを具体的にどうするかが問われる。夢を目指して進むことができると幸いだが、どうもそうはいきそうもないことに多くの子どもは気づく。自分の心身の能力の限界を知り、どこかで妥協を迫られる。その時の決断の仕方は、もちろんさまざまだ。ただ多かれ少なかれ、大きかった自分の夢を切り崩すことはあるように思う。児童期の夢が拡大していく段階から、それを現実に合うように成型していく「夢崩し」の始まりである（秋山、二〇〇九）。プロ野球の選手になりたければ、自分の実績と実力を見積もってどうするか検討しなくてはならない。強豪校にトライするかレギュラーを取れそうな高校にするか、そもそも向いていないとあきらめるか、考えなくてはならない。

ただ情報化とグローバル化が進んだことで、意外なところで夢の実現が可能になることもある。「そんなこと無理だ」と決めつけるのではなく、子ども本人に取りあえず任せるくらいでよいかもしれない。もちろん、求められれば相談に乗る。アドラー心理学的には「自然の結末」といって、本人が体験から学んでもらうのが最善である。

臨床的に気をつけなくてはいけないのは、思春期頃から統合失調症の好発時期に入ることである。脳内環境の急激な変化や、その人のストレス耐性によると思われるが、一般に本人や保護者はそのような知識がないため、見逃されやすい。不登校の中に、発症が始まっていることを疑われるケースがある。不登校の子どもの多くは、登校はしないが、コンビニエンスストアには出かけたり、ゲームにふけったり、家族と食事をしたりできる。その子なりの自発性は発揮している。しかし、ある子どもは、自室の窓に黒い紙を貼り真っ暗にした中で過ごして、まったく出てこなかった。母親面接で本人の様子を聞いたら、母親も本人が出てこないのでよくわからなかったが、聞こえてくる発言の様子から、何かの攻撃から自分を守っていたようだった。家族は学校と保健所と相談し、医療機関にかかわることを考えるようになった。いろいろあって、ようやくその子は精神科に入院して、思春期・青年期のためのデイケアに通うようになった。

　発達障害、あるいはその特性を持つ子どもの中には、思春期頃に自分と他者との違いを強く自覚することがある。その結果「自分は普通ではない」「自分はうまくいかない」と思い、劣等感が強くなる。その結果、集団生活を避けて不登校やひきこもりになり、ネット依存、ゲーム依存状態になってしまうことが実に多い。臨床家には周知のことと思う。

　一般に思春期の子どもは秘密主義で、親にも本心を打ち明けたがらない。心の中に思いを抱えるのは、自立には不可欠なことでそれ自体はよいことだが、それ故に問題にとらわれ過ぎて、抜け出せなくなることも少なくない。特に発達障害の特性がある子どもは、ただでさえ対人関係に意識が薄いので、自分の生きづらさを対象化して自力で解決することは困難である。相談相手ができることが本当は望ましい。相談してよかった、少しでも楽になったという体験をしてもらいたいと私の立場では思う。それは別にカウンセラーでなくてもよい。私は大学の発達心理学の授業で学生たちに、「勇気づけられた体験」を尋ねることがあるが、多くの学生は中高生の時に、担任や養護教諭、塾の先生などに話を聞いてもらい、励まされたことを肯定的に思い出し、現状と結びつけていた。その時間はたとえ短くても、子どもたちの心に響いて後々まで思い出されるものである。

思春期とアドラー心理学

1　思春期についてのアドラーの見方

アドラーは思春期について、普通の心理学者や教育者と少し変わった見方をしていた。思春期になって性格がガラリと変わるとは思っていなかった。

> 思春期については山ほどの本があり、それらのほとんどすべては、その主題を個人の性格の全体を変える怖れがある危険な転機を意味しているかのように扱っている。思春期には多くの危険があるが、それが人の性格を変えうるというのは本当ではない。思春期は、成長する子どもに、新しい状況と新しい試験を突きつける。子どもは人生の前線に近づいている、と感じる。（中略）思春期は、ほとんどすべての若者にとって、他の何にもまして一つのことを意味する。もはや子どもではないことを証明しなければならないということである（アドラー、二〇一六）

甘やかされて依存的なライフスタイルを持った子どもは、学校などで誰もがかまってくれるわけではない環境におかれると、一層依存的になったり、頼れる人を求めてさまよったり、頼れないと感情的、攻撃的になるかもしれない。一見、行動傾向が変わったように見えるかもしれないが、それはそれまでのライフスタイルの限界が露呈したということであって、根本的には変わっていないといえる。

　思春期に入るということは、大人にグンと近づくということである。まず身体がそうなる。そして、心が変わっていく。すると目の前に「大人の課題」が迫ってくる、と子どもたちには感じられる。それは学業であったり、学校での役割や生活態度であったり、進路の選択であったり、自分で責任を負わなくてはならない課題である。また前述のように、対人関係がより親密度が高くなり、より複雑になることが子どもの不安を高める場合がある。心身の成長という内側の変化と、社会や対人関係という外側の変化の中で、子どもは、より大人になることを求められていると感じる。多くの子どもは、自分はもはや子どもではない、と証明しようとする。それ自体は健康で順調な発達の証であろう。

　その時に、児童期に形成されたライフスタイルが、それなりに健康なものになっていれば、おそらくその子どもはこのような課題になんとか向き合い、紆余曲折はあっても、自分が大人になりつつあることを示していけるだろう。アドラーは、そのような子どものことを、「自分の勇気を保持し、自立が困難と失敗の危険を意味するのではなく、達成し貢献するための機会がより広く開かれていることを意味する子どもたちである」（同書）と述べている。

しかし、もしライフスタイルが未熟であったり、偏りがあったり、問題をはらむものであれば、その子どもは思春期に直面する課題に、困難を感じることになる。自分のライフスタイルがうまく通じない、失敗してしまうかもしれないと思うと、もうその課題に取り組む意欲は失われるかもしれない。日々のことを過剰なストレスと感じ、社会生活を回避しようとするかもしれない。感情的になり、怒りや不安、恐怖を使って周りに援助を訴え、操作しようとするかもしれない。その変わりようを見て親や大人たちは戸惑い、あたかもその子どもの性格が全く変わってしまった、と感じるのである。少なくともアドラーはそう考えていた。面白い視点だと思う。思春期になって子どもの性格（ライフスタイル）が変わったのではなく、それまでの性格と新しい環境、課題との不適合という関係性の問題になった、というふうに考えられる。それをアドラーは「準備ができていない」と再三言っているのである。

２　思春期の課題

思春期に入った子どもが何らかの問題を示す時は、大人の課題に向かっていく準備ができていない、というのがアドラーの見解だが、それにはどのような条件やプロセスがあるのだろうか。アドラーが挙げているものをまとめてみる（同書）。

先ず、甘やかされていることである。「親が何でも自分のためにしてくれることに慣れてきた子どもには、大人の責任が近づくことは特別の緊張をもたらす」ので、自分が中心でないことに失望し、課題に向かっていく勇気がくじかれる。そして、「子どものままでいたいという願い」を持ったり、大人についての戯画を演じる、例えば金遣いが荒くなったり、セックスに耽ったりする。

二つ目は軽犯罪に走る子どもである。「（警察に）見つからないことができるだけ賢いと考えている時」などにそうなりやすいという。優越性追求が間違った方向に行ってしまった結果である。

三つめはアドラーの時代には、「神経症的行動」と呼ばれていた行動で、今では不安障害とか気分障害と診断されたり、一般にメンタルヘルスの問題といわれる状態である。アドラーは、準備ができていない子どものリスクを指摘する。

神経症の症状は、社会的な方法で直面する準備ができていない対人関係の問題に直面する時に現れる。困難は大きなストレスを創り出す。思春期の間は、身体の組織がとりわけこのような緊張に対して反応する。すべての器官がいらだち、神経システムの全体が影響を受ける（同書）

精神科の思春期外来やスクールカウンセリングでは、まさに身体の組織が緊張して、イライラして、さまざまな身体症状で表している子どもたちにたくさん出会うので、アドラーの指摘は実感できる。

医師としてのアドラーも、思春期の子どもたちの身体、生理的な不安定さを当然理解していた。

そして思春期になると、「勉強や仕事で失敗し始める」子どもが現れるとアドラーは述べている。また、賞賛と認められることを求めて、性的に不適切な行動に及ぶ子どももいる。そのような子どもたちをアドラーは、「賞賛の渇望にとらわれる」としている。現代では、前者は中一ギャップや学校不適応の問題、後者はＳＮＳで生じるトラブルに通じているように思える。一〇〇年経っても、思春期臨床の課題や問題は変わらないということであろうか。

３　思春期の性の問題

思春期には性にかかわる問題が大きくなるのもよく知られている事実である。

> 少年も少女も、思春期における性的な関係を、大人になったということを証明したいという欲求から過大評価し、誇張する傾向がある。例えば、もしも少女が母親に反抗しており、いつも抑圧されている、と信じていると、しばしば、抗議のために、彼女が出会う男性の誰彼かまわず性的関係を結ぶだろう。母親が見つけようが見つけまいとかまわない。実際、母親を心配させることができれば、誰よりも幸福なのである（同書）

そしてアドラーは、勇気をくじかれて承認欲求が高まり、性的な行動化をした子どものケースをいくつか紹介している。

ただ、時代に先駆けていた天才アドラーも時代の子であった。同性愛を性的倒錯であるとして、「愛のタスク」に向かう勇気がくじかれた一つの症状だと主張していたのからである。現代のアドラー派の人たちはもちろん、そんなことは考えていないし、。アドラーの同性愛についての考えは、時代的制約に縛られた中での見解であったと擁護しつつ、批判している（Mansager, 2008）。

確かにアドラーは、一人一人の個別性を重視する割に、男女の二分法にこだわっていたところも見受けられた。「われわれはこの宇宙に共生し、われわれは皆対等であるけれども、それにもかかわらず、二つの性に分けられている」（アドラー、二〇一六）とまでいっていた。しかし、生物学的性や性的指向の多様性、ジェンダーやＬＧＢＴの議論が出てくるはるか前なので、致し方ないといえるだろう。

実際、同性愛が犯罪とされた時代に、同性愛者は犯罪者ではなく治療の対象である、としたところは一歩前進といえないことはないし、アドラーは臨床的に考えるときはやはり柔軟だったようである。彼の同僚が提示したケースで、治療中に同性愛者であることを明らかにした患者について、彼をどうしたらいいかという問いを受けて、「彼は幸せですか？」とアドラーは尋ねたという。それに対して肯定的な返事があったので、「では、彼をそのままにしておいたらどうですか」と続けたという（Griffith & Powers, 2007）。無理に治療するべきだとは、考えていなかったのだろう。

それでもアドラーは性を生物学的問題だけとは考えず、対人関係的、社会的問題であると喝破したところは時代に先駆けていたといえる。男性が常に優位で特権を持っていた社会の中で、女性の役割を嫌悪する女性の現象を「男性的抗議」と概念化し、自分が女性であることを嫌ったり、男性を嫌って避けたりすることがあることを指摘した。そして男女が平等であることを主張した。

「男性的抗議」は女性だけではなく、男性も悩むことがある。「男性性を理想と見て、それをなしとげるに十分なだけ自分が強いかどうかを疑う」人がいる。確かに、社会や親から押しつけられた男性モデルに近づこうと、筋トレやスポーツに励む思春期の男子は多い。それが必ずしも悪い結果になるわけではなく、自信を取り戻すケースもあるが、過度に尊大、粗野、暴力的、威圧的になる人もいる。多くの場合、それは劣等感をかりそめの優越感で覆い隠す「優越コンプレックス」である。

その中で、「いくぶん少女のように見える少年」は男性性を実現できずに困難を感じることがある、という指摘もアドラーはしている。彼らは、男性性を実現できずに愛や結婚の問題を過酷であると感じ、少女を真似て、女性になろうとする。社会が要求してきた男性モデルに違和感を感じ、男性社会に疎外感を感じる人は意外に多く、最近になって前景化してきたように思われる。生物学的性と性的指向性、ジェンダーとの関係は複雑、繊細な問題で私も詳しくはないが、最近臨床で出会うことが増えてきた。今日のこの問題につながる観察を、アドラーはしていたことがうかがえる。

アドラー心理学は、性を本能だけの問題ではなく、それをどのように意味づけるかという認知論的立場と、社会との関係性からとらえるという対人関係論的立場を堅持するのである。

4　思春期の子どもとどう付き合うか

思春期の子どもたちにどうつき合うべきか、立場によらず、アドラー心理学ではその姿勢はシンプルである。

子どもたちは、自らを大人として証明したいのだから、こちらは大人として接し、大人として扱うのである。そうして子どもと大人が対等の仲間になることを目指す。

その子どもたちとヨコの関係を作っていこうとすること、つまり、子どもたちを「信頼」し、「仲間」になって行こうとすること、それが思春期の子どもと支援者のお互いの共同体感覚を育み（共同体感覚の相互育成）、子どもたちが有益な行為をしていけるように援助できるのではないだろうか。これが本来の「勇気づける」ことであり、思春期・青年期の支援を行う者にとって、必要不可欠な、やはり「スタンス」なのだろうと考えられる（八巻、二〇一七）

その実現のために先ずに挙げたいのが、「課題の分離」と呼ばれる発想、方法である。『嫌われる勇気』でアドラー心理学と共に、課題の分離の名を始めて知った人は多いと思う。自分がやるべき課題、相手がやるべき課題をまず峻別して、お互いの課題には不必要に踏み込まないようにすることである。そしてその上で、お互いが協力して解決するべきことがあれば、「共同の課題」として取り上げ、話し合い、解決に向かっていくことである。

子どもに何か問題が生じた場合、多くの家庭でこれができないことが見られる。思春期の子どもの問題のカウンセリングでは頻繁に出てくる話題である。もちろん子どもをよくしたいという親の愛や善意は十分理解できるが、だからといって親の気持ちを押しつければうまくいくものではない。多くの人は、それはわかっているのだが、それに代わるものを持っていないので、問題が解決しないとわかっていても過干渉を続けてしまう。そこで、カウンセラーは「課題の分離」の考え方ややり方を教えることがある。多くの場合、まずは子どもの課題とは何か、親や周囲の者としての課題は何かを考えることから始まるだろう。

課題の分離を知ると、多くの親は多少驚くこともあるが、納得もしてくれる。大人としては、至極当たり前の考え方だからだ。実際親たちも職場などではできているが、我が子にはそんな発想が適用できるとは思いもしなかったということであろう。カウンセラーとしては、親の思いに共感しつつも、いくら心配でも子どもを子どもとしてではなく、一人の人間として尊重する姿勢を示すことが、親子関係をよくすることになるし、ひいては問題解決の早道になるだろうと、「自信をもって」

伝えることが大切である。

私の場合、この「課題の分離」を研修会や講演会で伝えるときは、「これからは放牧主義で行きましょう」と話す。

「皆さんは、これまでの子育てで、可愛い我が子に玩動物のように接してきました。でも、今はもうそれは通じません。十分に成長しました。自由にさせておきましょう。でも、何もしない放任主義では、ネグレクトになってしまいます。児相が来ちゃいますよ。放任ではなく、放牧です。基本、自由にさせますが、おいしい餌と暖かい寝床は与えてください。元気に生かしておきましょう。でも、いなくなっては困りますから柵も必要です。どの程度の広さ、頑丈さの柵があればよいでしょうか」などと、メタファーを使った話をする。

このように親教育が思春期の家族支援のポイントだが、子ども本人との面接では、既に人格（ライフスタイル）ができあがっているので、アドラー心理学お得意のライフスタイル・アセスメントが使えるようになる。私も公的機関や精神科に勤務していた頃は、保護された子どもの処遇を決めるためや、医師の診断や治療方針に役立てるため、たくさんの心理学的アセスメントを行ってきた。家族布置や早期回想などの一連の質問技法は、知能テストや人格テストと組み合わせると、単にテスト結果を並べただけではない立体的なアセスメントになり、その結果をレポートとして文書にすると関係者に対して説得力を持つこと請け合いである。ただその内容は専門的で細かい話になるので、本書の範囲を超える。学会や研修会等で伝えていきたいと思っている。

子ども本人も、ライフスタイル・アセスメントに応えることで、自らの環境を振り返って、自分が本来求める生き方は何かを考える機会になるかもしれない。多くの「問題児」とされた子どもは、自分の人生や家族について冷静に語って聴いてもらうという経験をほとんどしてこないからだ。

思春期の子どもへの具体的な対応法については、岩井俊憲氏のネットでの発信（アドラーの思春期論：アドラー心理学専門チャンネル https://www.youtube.com/watch?v=tAcwsT55HWk）など、不登校などの臨床的な問題への対応については拙編著『思春期・青年期支援のためのアドラー心理学入門』『不登校に向き合うアドラー心理学』（いずれもアルテ）を参考にしていただきたい。

第6章　青年期の発達と支援のポイント

青年期とは

青年期の特徴

思春期から青年期への移行はグラデーションであり、特に明確ではないが、一般には概ね高校を卒業してから、大学や専門学校、あるいは就職する時期、一〇代後半から二〇代前半というイメージだろう。

青年期のエリクソンの発達課題では「同一性対同一性拡散」と呼ばれ、身体的・精神的に自己を統合し、「自分とはこういう人間だ」というアイデンティティを確立する時期とされる。アルバイトや学校でいろいろな活動をすることで自分にとっての向き不向きを検討するという意味で、役割実験（role experiment）の時期ともいわれる。

青年期の対人関係の特徴は、「ピア・グループ（peer-group）」といわれ、「異性異年齢混合集団」という。内面・外面共に異質性を認め、自立した個人の主体性を尊重し合える関係である（黒沢、二〇一五）。互いの価値観や理想、生き方などを語り合える対等な集団である。大学時代の研究室やサークル、アルバイト、ボランティア活動、社会運動などでの人間関係がイメージされる。その集団の活動の目的を共有し合うことでつながる関係である。

一方で、昔は二〇歳で成人、一人前という意識が社会にも当人にも強かったが、今はあまりそのような雰囲気はないように感じられる。成人式の様子を見ても、普段目にする若い人たちを見ても、確かに私の頃よりおとなしくてまじめな人が多い印象はあるが、同時に幼さや未熟さを感じることも多い。研究者によると、確かに現代は青年期が曖昧、長期化している時代だという。「ポスト青年期」、「青年移行期」という概念も出ている（大野、二〇一〇）。今は大人になるのに、以前の二一、三歳から三〇歳くらいに延長してきていると考えられるという（榎本、二〇一二）。この話を思春期・青年期の子育てがテーマの講演会で親御さんたちにすると、「えー」という声が思わず漏れて聞こえてくる。「そんなに長くあの息子／娘を養わなければならないのか」という嘆きかもしれない。

それだけ親離れ、子離れできていない人が増えているということかもしれないが、しかしこれは、親や若者たちの問題だけではなく、長引くデフレ経済、不安定な雇用環境、先の見えない社会情勢に対する若い世代の本能的な適応反応ではないかという気がしている。こんなに曖昧で流動的な世界では、うっかりアイデンティティを確立してしまったら、かえって変化に適応しにくくなってしまうかもしれない。環境がいつどうなってもいいように、心身を柔らかい状態に保っておこう、即ち幼いままでいよう、という生存戦略が本能的、集合的に若者たちの中にあるのかもしれない。

とはいっても、彼らを養う家族も高齢化しているので、いつまでも頼るわけにはいかないだろう。経済的には不十分でも、少なくとも精神的には独立すること、それに続いて職業の選択とそれへの準備をしていくことが青年期の課題になることは、現代でも変わらない。

そして異性関係あるいはパートナー選びもさまざまに試みながら、結婚への準備をしていく。ただ、そこもあり方は多様化している。異性関係に関心の薄い若者が増えたとは聞く。とはいえ、仕事の選択と結婚はいまだに青年期に求める社会の価値基準であり、多くの若者は各々のスタイルで、それに向かっている。

青年期とアドラー心理学

1　青年期のコミュニティとしての学校

アドラーは、思春期についていろいろ言及しているが、青年期というくくり方の記述はあまり見当たらない。思春期の話の中に含めているのかもしれない。

青年期にすでに就職する人もいるが、主に二〇歳前後に所属する学校が彼らの舞台になることが多い。大学や短期大学、専門学校である。私自身を含めて周囲の人やクライアントを見ると、中学や高校でうまくいかなくても、ここで楽しいことやよき仲間に出会い、意義のある生活ができるとその後はまったく違ってくる。それまでの狭い世界での不適応感は解消され、所属感は増し、将来への希望が持て、心的回復力（レジリエンス）は高まるだろう。人生の軌道修正ができるようになる。大学などは規模に大小はあるが、多様な地域から多様な人が集まり、多様な専門を持った大人たち（教員、学校職員、あるいはその周辺の街の人たち）がいて、すべてがまとまって一種のコミュニティになっている。ここに所属感を持てるようになることが望ましい。

しかし、中には進学したものの、新しい学校生活でうまくいかないと悩む人もいる。大学の授業がつまらない、わからない、元々志望校ではなかった、教員や部のコーチとの関係がよくない、友人ができない、専門を決められないなどの悩みをよく聞く。中には、小中高と成績がよいと親や学校から評価されるので勉強を頑張ったが、いざ入学したら何してよいかわからくなり、目標を見失って通えなくなり、休学や退学したという人もいる。

また大学の学部では何とかこなせたが、大学院で不適応をきたす人にも私は何人も会ってきた。彼らは研究や将来への不安感、指導教官や異性や友人らとの関係の行き詰まり感をよく訴えてこられる。

また、二〇二〇年度は新型コロナウイルス感染症のパンデミックのために、ほとんどの大学がオンラインによる遠隔授業となり、学生にも教員にも大きな混乱を引き起こした。私の知るところでも、予想外の新しい事態に、せっかく大学生活に入っても孤立感や不適応感を感じて大学を辞めてしまった人たちがいる。

浅井（二〇一七）は、大学や短期大学、専門学校における学生相談活動におけるアドラー心理学的支援の様子を報告している。この中に、アドラー心理学とコミュニティ心理学を統合した援助モデル「アドレリアン・コミュニティアプローチ」が提案されている。ここで目指されるのは、「学生（個人）とコミュニティの適合」である。「これはコミュニティの幸福を無視して学生が自らの欲求を追求する状態でもないし、コミュニティの利益を優先して学生が無理や我慢を強いられる状態でもない。コミュニティに調和しながら、学生が自分らしく生きられる状態である」としている。学生が学校コミュニティに適合できた体験は、この後の社会に出た時の行動様式に大きな影響を与えるだろう。

今、コロナ禍とポストコロナも視野に、各学校で新しいコミュニティづくりが模索されているところである。

2　仕事のタスクに向き合う

青年期は学校卒業後の職業選択が課題になってくるので、アドラー心理学的には「仕事のタスク」がテーマとなる。

仕事、交友、愛のタスクは独立しているのではなく、相互に関係し合っている。どのタスクも十分に、バランスよくできればいいが、実際はなかなか難しく、人によって濃淡があるのは仕方がない。ただ、あるタスクを極度に避けてしまう人がいる。取り分け仕事のタスクを避けると、社会とのつながりが切れ、生活の基盤を失う危険があり、その個人にとっても家族にとっても大きな問題となり得る。結果として大人の引きこもりや発達障害、精神障害の問題として現れることは少なくない。

仕事のタスクを避けることについてアドラーは、「彼〔彼女〕らは、何らかの仕方で、自分自身では貢献しないで、他者の労働によって生きるだろう。これは甘やかされた子どものライフスタイルである」と指摘している（アドラー、二〇一六）。甘やかされた子どもは、保護者がいつも何とかしてくれたり、守ってくれるので、他者と協力して共同体に貢献するという行動を学んでいない場合が多いと考えられる。仕事をすることに怖気づいてしまうのだ。

反対に、仕事に過度なエネルギーを注ぐことで、他のタスクを避けようとする人についてもアドラーはいう。

> 仕事が、時には、交友と愛の問題を回避するための口実として使われることがある。我々の人

生においては、非常にしばしば、仕事に誇張した仕方で関わることが愛と結婚の問題を回避するための方法として選ばれる。時には、結婚の失敗の口実として使われるのを見る。猛然と仕事に専心して思うのだ。「結婚のために割ける時間がない、だから、われわれの不幸には責任がない」(同書)

プライベートな楽しみや友人関係に関心を持たず、恋愛や結婚に近づこうとしないのを「忙しいから」と仕事のせいにする。日本ではよくある光景だ。

3 職業選択、キャリア形成のためのアセスメント

仕事に就けたとしても、順調にいくとは限らない。私は自分の私設オフィスでのカウンセリングの他に、市町村がやっている住民向けの「心の相談会」、ハローワークのカウンセリング事業、地方公務員のメンタルヘルス事業などに協力して出向いているが、それらの場では職場の人間関係やハラスメント、解雇や失業などの傷つきによって多くの青年がカウンセリングを求めて来る。どのような主訴のカウンセリングにおいても、アドラー心理学で学んだことは役に立っている。例えば、「課題の分離」によって問題を整理したり、ライフタスク論によってクライアントの生活のバランスや過ごし方を検討したことは有意義であった。もちろん、仕事のタスクに向き合えるように、勇気づ

けする姿勢は大切である。

特に「自分には何の仕事が向いているのかわからない」「どの方向に進んだらいいのかわからない」「仕事がいつも続かない」などといった主訴には、ライフスタイル・アセスメントの手法が役に立つ。まさにクライアントがどんな人生を望んでいるのか、仕事に対して何を期待しているのか、あるいは何を避けたいのかがうかがえるからである。そして、クライアントのライフスタイルについての私の仮説をクライアントに示して、検討してもらう。多くのクライアントは目の前の問題に目が向き過ぎていて、そもそも自分がどのような職業生活を送りたいか、何をしたいのかを考えることはしていない。カウンセリングで、少し引いた眼で自分のキャリアを考えることは、改めて仕事を選ぶうえで役に立つ。

アドラーは、「職業指導を求められれば、子どもの頃のこと、その最初の頃どんなことに関心があったかをたずねる」、「早期回想は、職業指導において、非常に注意深く検討されなければならない」と述べている（アドラー、二〇一六）。早期回想とは、子ども時代の具体的な出来事の思い出であり、心理学でいうエピソード記憶のことであり、カウンセラーはその思い出のストーリー構造やクライアントの注目点などを分析して、「今、現在の」ライフスタイルを推測するのである。過去の記憶は実は単なる記録ではなく、今、現在に記憶のアーカイブからその人が抽出したものであり、今、現在のその人の認知的フィルターにより選択、編集されたものである、という考えに拠っている。したがって早期回想を分析することで、その人特有の考え方の癖や傾向がわかる。アドラー心理学的には、長期的な人生目標、つまりその人が何を求めているのか、どうなれば満足なのか、といったその人なりの幸せの条件がうかがえるのである。自分がどうなりたいのかについての認知を「自己理想」ともいうが、カウンセラーはその自己理想を明らかにして、クライアントの職業生活においてどのようにそれを実現するかをクライアントと検討するのである。

　このアドラー心理学の理論と手法をキャリア・カウンセリングの分野で発展させたものにが、サビカスが開発した「キャリアスタイル・インタビュー」である（サビカス、二〇一五）。アドラー心理学とナラティブ・アプローチを統合したもので、早期回想を含めた一連の質問群からできている。キャリアカウンセラーをしているアドラー仲間によると、最近のキャリア・カウンセリング界で注目されているアプローチだそうである。私自身もサビカスの方法を知る前から、仕事のタスクに関するカウンセリングで似たようなことを実施してきたので、その有効性を確認している。もちろん、一発で答え（その人の適職）が出るものではないし、カウンセラーが仕事を紹介するわけではない。クライアントとカウンセラーが一緒になって、人生の海図を作っていくような感じである。

第7章　成人期の発達と支援のポイント

青年期の後は、死ぬまで成人期である。ただ最も長く、年代によって現れ方は違うので、以下のように成人前期、成人中期、成人後期（老年期）と区切られることが多い。

成人前期とは

成人前期の特徴

多くのテキストでは二〇歳から三〇歳頃が成人初期とされるが、前章で述べたように現代は青年期と成人期の境があいまいなので、ほとんど重なっているのが現状であろう。だから年齢というより、その人なりの姿による、つまり個々人がどのようなメンタリティーを持って、どのような環境で生活しているかということが大切である。青年期を早く脱する人もいれば、時間のかかる人もいる。

この時期のエリクソンの発達課題は、「親密性 対 孤独」とされ、結婚や家族の形成といった親密な人間関係を築き、愛する能力を育み、連帯感を獲得する段階である。

ただここまでくると、そのあり方とプロセスは個人差が相当大きいので、発達心理学による発達課題を「こうなるべき」という規範にしてしまうとよくないだろう。うつ病などでせっかく就職した会社を退職した子どもに対して親が、「いつまで寝ているんだ！ 仕事をしろ！」と無理やりハローワークに行かせようとしたり、本人はしたくもないのに「いい年なんだから」と結婚の圧力をかけることになってしまうのは、発達課題の誤用である。

それでも実際は何らかの仕事に就いている人が多く、生活のためにも、職業生活の確立はこの時期の重要な課題であることには変わりない。

パートナーを得て家庭を作った場合は、結婚生活の確立というこれまでにない課題が眼前に現れる。

さらに子どもが誕生すると、育児という課題にも直面する。それぞれの課題の解決には相当の努力がいる。それらが過剰なストレスとなって、うまく対応できないと心身を蝕んだり、対人関係の破綻や生活基盤の崩壊に至ってしまうことがある。

成人中期とは

成人中期の特徴

約三〇歳から六〇歳頃までは成人中期である。仕事に家庭に、社会の主軸の役割を果たす世代である。

エリクソンの発達課題では「生殖性 対 停滞」とされ、家庭での子育てや仕事を通して、意味や価値のあるものを生み出し、次の世代を育てていく段階である。市民的、社会的責任を果たし、ある人は名を成し、ある人は富を得る。経済力の確保と維持ができれば、余暇も充実させることができる。

しかし、仕事上の失敗やリストラ、家庭生活の破綻や離婚などの問題を抱える人もいる。

三〇代後半から四〇代は人生の折り返し点でもあり、いわゆる「中年期の危機」が訪れることがある。「中年期の危機」とは四〇歳前後などで、人生の価値観や方向性の転換が行われる現象で、自分の今までの生き方や価値観に疑問を抱き、悩みが深まる人たちが現れる。職業的には、自分のキャリアの再吟味と再方向付けを模索して、転職や起業などをして軌道修正を試みる人も現れる。

また、それまでは心身共に壮健で、病気とか自分が死ぬなんて考えもしなかった人が、ふとしたことで体力の衰えや老化を感じたり、突然病魔に襲われたり、親族や知人の中に先立つ人が増えてきて、人生の有限性を自覚するようになる。変わりつつある自分の生理的変化に適応していくことが課題となる。そして、健康維持を意識的に試み始める人も多くなる。

「生殖性」とは単に自分の子孫を残すとか、家系を維持することに留まらない。自分なりに社会に何かを残そう、伝えようという意思と行為のことでもある。「生成継承性 generativity」といわれ、次世代に残せる仕事の成果や作品や事業を産み出し、育み、世代から世代へと継承していこうとする働きである。自分の子どもの教育だけでなく、後進の育成や指導にも意識的になる。

また親の高齢化に伴い、親の介護というこれまた大変な課題も降りかかり、下の世代を育てるだけでなく、上の世代を「ケア」する立場になる。その中で疲弊してしまう人も少なくない。

成人後期（老年期）とは

1　成人後期（老年期）の特徴

成人後期は老年期や高齢期とも呼ばれ、約六五歳から死ぬまでということになる。

エリクソンの発達課題では「自我統合 対 絶望」とされ、これまでの人生の意味や価値観を振り返り、なおも新たな方向性を見出す段階と意味づけされている。

ハヴィガーストという心理学者は、老年期を「体力と健康の衰退、退職と収入の減少、配偶者の死に対する対応。同年齢集団の人と率直な親しい関係の確立、柔軟に社会的役割を身につける、満足のいく住宅の確保」が課題であるとしている（社会福祉士養成講座編集員会、二〇一八）。

　定年や引退によって社会的役割から降り、いわゆる第二の人生が始まる。すべての人がそれで悠々自適な隠居暮らしに入れるわけではなく、まだまだ元気なので、収入が下がっても仕事に就く人が多い。中にはボランティアなど社会的活動に携わる人もいる。新しい生きがいを得られ、充実した生活が送れることは、「サクセスフル・エイジング」と呼ばれる。

　しかし、加齢とともに老化や心身機能の衰えは大きくなり、経済力の縮小、配偶者や友人たちの死、子どもの自立などで愛着関係の喪失が心理的なダメージを与えることがある。高齢者のうつ病も最近問題になっている。

　老年期は、物覚えの悪さや認知症のイメージがあるためか、一般に知的能力が衰えるといわれるが、知能に関する心理学では、確かに「流動性知能」は低下していくが、「結晶性知能」は衰えないといわれている。「流動性知能」とは、例えば新たなゲームを短時間で習得したり、込み入った地図から目標を見つけたり、自動車の運転や機械操作を学習する力で、確かに若い人はＩＴ機器をすぐにマスターしてしまうのを見てもわかる。「結晶性知能」は経験から生み出される判断力や知恵、技能に関する能力で、成人期はかなり安定しており、六五歳過ぎ頃から衰えだすという。

　老年期は自身の衰えだけでなく、配偶者、家族、周りの人たちとの死別体験が重なりやすい。近づく自分の死の受け止めと失ったもの、失いつつあるものをどうとらえるかが課題とされる。広い意味でのグリーフケアがテーマになる。

福祉、医療領域としては、社会学者の上野千鶴子氏がいう「おひとりさま」の増加に対応が迫られている。高齢者の単身世帯である。女性の方が長生きすることが多いので、女性のおひとりさまが目立つが、八五歳以上では三人に一人は男性おひとりさまである（上野、二〇〇九）。一般に女性より男性高齢者は人と交わりたがらず交流する人が少ないといわれ、当人の生活や価値観を尊重しつつも、絶対的な孤立に陥らないためのソーシャル・ネットワークの構築が求められる。

2　超高齢化社会の問題

さらに現在浮上しつつある大きな問題は、「人生一〇〇年時代」説である。医学、公衆衛生などの進歩により、どんどん寿命が延びているのは周知のことだが、ついに一〇〇歳まで普通に生きる時代が来るというのだ。そうすると、六〇歳過ぎに退職したら、三〇年以上も生きなければならないことになる。宗教学者の島田裕巳氏はそれを、「なかなか死ねない社会」（島田、二〇二〇）と呼んで、それにつれて人々の死生観が変わると考えている。長い間人類は、人は「いつ死ぬかわからない」と思っていた。飢えや事故、戦争、疫病、病気にいつ人は襲われるかわからない。だから「死ぬまで生きよう」「今の暮らしと命を重視しよう」という意識になっていた。あるいは少し先の貯えぐらいはしておくぐらいの意識ですんでいた。ところが「人生一〇〇年時代」は、死は遠い将来に設定されるようになる。そうすると、人々の生活意識や宗教観がまるで変わってくるだろうという。長い老後をスケジューリングして、準備して「こなす」意識になる。実際、これほど長く生きなければならないなら、金銭など生活基盤を整えることは重要な課題となる。また、治らない病、救われない思いがあるからこそ宗教の存在意義があったのに、それもなくなるだろうという。

それに、人生の黄昏を振り返り、エリクソンの理論に倣って心理的な「統合」をするといっても、いつ頃それをしたらよいのかわからなくなる。六〇や七〇では、「統合」してもまだ一〇年や二〇年はあるかもしれないので、また「統合」し直すのか、なんて疑問もでてきそうである。ただ、さすがエリクソンは、その超高齢化社会を予見していたのか、通常知られる第八段階の「統合 対 絶望」の先の課題も想定していたという。高橋・中川（二〇一九）によると、エリクソンとその妻ジョウンは、選び抜かれた一握りの長老（elder）から、大量の年長者（elders）の時代が来るので老年期の再定義が必要と考えていた。第九段階には、「老人の英知」のようなものはなくなり、「能力の喪失や崩壊、言い換えればその日その日を無事に暮らせることがすべての関心の焦点になる」という。そして、この段階に含まれる失調的要素を甘受することが出来れば、老年的超越（gerotranscendenc）に進むことができると考えていた。長く生きてきて、さすがに心身は少しずつ弱ってくるのを実感するので、失っていく生命を静かに感じ取り続ける、というところであろうか。

成人前・中期とアドラー心理学

1　現代人にアピールするアドラー心理学

この世代は、本や講座・セミナーなどでアドラー心理学の中心的消費者になる人たちである。学びが進んで、その中からさらに熱心な活動をする人たちも現れる。かくいう私もその一人かもしれない。

人口のボリュームも大きく、社会の中心となる層として、大きな悩みや問題を抱えることが多いのは先に述べたとおりだ。職場の人間関係の悩み、夫婦関係や子どもの悩み、うつ病など精神科的問題、果ては人生への虚無感や無意味感を感じて、その解決や救いをアドラー心理学に求める人たちは多くなっている。でもそれはごく最近のことである。

現代社会のアドラー心理学への潜在的なニーズを見事に拾い上げたのが、何度もいうが岸見一郎氏と古賀史健氏による『嫌われる勇気』（ダイヤモンド社）であった。同書は自己啓発系に分類されるが、これまでの、トラウマや心の闇などとよばれるような精神病理的な問題にフォーカスしていた心理学系、または才能開発や職業的成功のノウハウを教えてくれる能力開発系の本とは、明らかに異質であった。前者は私から見ると、精神分析学や臨床心理学的視点に立つものが多く、後者は行動科学や脳科学の成果として紹介されたものが多かった。

『嫌われる勇気』は、それら既存の心理学的啓蒙書の立場を否定しているわけではないが、あえてそれらに「とらわれるな」というメッセージを送っており、その発し方が強力だった。過去のトラウマも、脳や神経や環境に起きていることも、本当の意味ではあなたに影響しない、あなたは自分の人生を決められるのだ、という主張は多くの人の心を打った。

それからは、人々の個別的なニーズに応えるように、たくさんのアドラー心理学関連の本が出版された。今はかなりの領域、テーマ、トピックを扱ったアドラー本が出ている。親向け、教育者向け、ビジネスパーソン向け、医療者向け、カウンセラーやコーチなど支援者向けなどさまざまな対象をターゲットにしたものがある。

当然テーマは多様で、成人期に出会うたくさんの問題が網羅されている。男女関係、夫婦関係、子育て、老いていく親との関係や介護問題など「愛のタスク」に関連した諸問題、上司や部下など職場の人間関係や働くことの意義など「仕事のタスク」に関する問題、あがり症などの心の問題、筋トレや片付けなどもある。媒体も活字だけでなく、マンガもあるし、最近はYouTubeチャンネルを開設した人もいる。

本書では人生で出会うすべての領域を扱うことはできないし、私は読者の皆さんの個別のニーズはわからないので、ここでは一つ一つの紹介はできないが、関心や必要性に応じて各自で調べてみてほしい。多くの著者は私にとってアドラー仲間の方々で、皆工夫を凝らした素晴らしい内容を表現している。是非、それをアドラー心理学の学びと実践の入口にしてほしい。それでも見つからない人がいれば、「こんなテーマのアドラー本がほしい」と私やアルテ編集部にリクエストしてください。もしかしたら、かなうかもしれませんよ。

私は自分が行うカウンセリングで、クライアントのリクエストやニーズに応じて、「読書療法」としていろいろな本を紹介する。認知行動療法やストレスマネジメントもあるが、やはりアドラー心理学本は人気がある。特に『嫌われる勇気』の評価と「治療効果」は高い。若い人だけでなく、大人世代、中年期の人たちの心にも届くみたいである。「自分のことを言われているみたい」などと感想を述べてくれることが多い。そこから人の評価を気にしすぎることについて、親との関係について、課題の分離について、自尊心が低いことについて、などと話が広がっていく。同書と著者たちには、日本にアドラーの名を広めてくれたことと、私のクライアントを含め多くの悩める人に光明を与えてくれたことに感謝したい。

2　ライフタスクに応える

(1) 必要なタスクを見極める

成人と言及しているわけではないが、この時期にまさに該当するところでライフタスクに関するアドラーの言葉を見てみよう。ライフタスクへの取り組みのバランスを取ること、それぞれのライフタスクは完全に別物ではなく相互に関係し合っていることを述べている。

　人間を縛る三つの絆は人生の三つの課題を提起するが、これらの課題のどれもそれだけで独立して解決することはできない。それらの各々が、他の二つへの成功したアプローチを要求するのである。最初の絆は仕事の問題を引き起こす。（中略）最初の問題、即ち、仕事の問題を解決する最善の手段は、第二の問題、即ち交友の問題による。われわれを縛る第二の絆は、人類に所属しているという事実と他者と結びついて生きなければならないことである。（中略）この問題は友情、共同体感覚、そして協力によって最もよく解決される。この第二の問題が解決すれば、我々の最初の問題の解決へと大きく前進することができる。（中略）愛と結婚の問題を解決することに成功するためには、共通の善に貢献する仕事と、他者とのよき友好的な関係が必要である。（中略）これらの三つの問題は、決して他の問題から切り離されて起こることはない。それらはすべて互いを超えて影を落とし、一つの問題の解決は、他の問題の解決に役立つ（アドラー、二〇一六）

　今日でいうワークライフバランスということになろう。臨床的に大切なところは、「一つの問題の解決は、他の問題の解決に役立つ」というアドラーのアドバイスである。カウンセリングでは、その人の問題をすべて扱うことはできないからだ。また、クライアントの求める解決が、今すぐ可能であるとは限らない。不登校の親から「早く息子を学校に行かせてください」と迫られても、カウンセラーは困ってしまうだろう。まずはできるタスクから取り組み、それがうまくいくとその影響は他のタスク領域に波及するかもしれない。

例えば初回面接で、クライエントから出される主訴を考慮しながら、ライフタスクの観点から最近のクライアントの状況を聴いて整理して一つのライフタスクを選び、そこから解決可能な一つのアイデア、アドバイス、宿題などを見つけていく。もちろんクライアントとの対話の中から自然にクライアントの中からアイデアが出てくることが望ましいが、ある程度ラポールができていれば、カウンセラーからの提案もクライアントに受け入れられやすいだろう。先の不登校の親の相談で、まずは不登校は誰の課題か、親としてできることは何かを整理し（課題の分離）、親子が普通の会話ができることを目指すとか（親子の交友のタスク）、何らかの社会資源、例えば不登校を支援している大学生の訪問ボランティアや居場所活動をしているＮＰＯ法人などがあれば、そこを紹介する（子どもの交友のタスク）といったように考えていく。クライアントが問題そのものから少し距離を置いて、自分にできること、即ち自分の課題について考え、動いていけるように援助するのである。

（2）人生の方向転換を支援する

「中年期の危機」という言葉が出たが、中年期になるとそれまでの生き方へのさまざまな思いから、新たな道を模索しようとする人は多い。「仕事を辞めたいがどうしたらよいか」という主訴のカウンセリングでクライアントと話し合った結果、今までの路線で行こうと再決断したり、退職しないで部署異動や転勤などで解決していく人もいて、それはそれでよいと思う。だが中には、本当に退職して転職や起業といった選択をする人もいる。仕事以外にも、別居や離婚、再婚という愛のタスク的な再出発もある。一人でそのプロセスをやり切れる人もいるだろうが、実際はなかなか難しく、まずは本やネット、講演、セミナーなどで直接、間接的な情報で勉強して、ついにはカウンセラーやコーチを訪ねる人もいる。

そのような悩みの支援に、アドラー心理学は強いと思う。青年期のところで紹介したサビカスのキャリア・カウンセリング的なアプローチがあるからである。サビカスが開発したスタイルでなくても、アドラー心理学標準装備のライフスタイル・アセスメントが、中長期的なその人のあり方と方向性を見定めるのに有効である。

そのような、これまでの生き方に疑問を持ったり、どのような方向性に進めばよいか迷っている時、具体的な職種や仕事をいきなり考えるのではなく、そもそも自分はどのようなことを求めて生きてきたのか、どのような時に幸せを感じるのか、あるいは何を避けたいのか、何を価値としてきたのか、それらを実現するための最善の選択は何だと思っているのか、などを考えることは、中年期の危機を対処するための有効な方法だと思われる。

キャリア・カウンセリングでなくても、中高生以上の不登校やひきこもりの母親の相談で、最初は子育ての相談だったのが、次第に自分の残りの人生の話に進むことがある。

ある母親は、子どもの将来を心配のあまりに過干渉的に接し、かえって問題が続いているという様子がうかがえた。彼女はある専門職だったが、子どものために仕事を辞めたそうである。親子の触れ合いやかかわりを増やした方が子どもの心のケアによいと、どこかで聞いたことを実践したようであった。そしたら、始終家の中で図体の大きくなった息子といる毎日、彼はゲームばかりして特に会話にもならないので、息が詰まって辛くなってしまったと話してくれた。私は、「あなたの残りの人生、あと何十年かはあるでしょうけど、失礼ながらもう、人生の半分を過ぎてきたかもしれません。どうですか。息子さんのことを考えるのもいいですけど、ご自身のこと、これからどのような人生を送りたいか考えてみませんか」などと、親自身のことに水を向けてみる。このような流れができると、仕事やキャリアについて、生きがいについて、夫婦関係について、若い頃できなかったけれど本当はやりたかったことについて、などいろいろと出てくる。彼女は気になっていた新しい職場に再就職をすることを決断した。

別に「不登校の子どもを見捨てろ」とか「無視しろ」ということではない。ここには、もちろん「課題の分離」の発想がある。不登校という現象は、子どもと学校との関係なので子どもの課題、親の課題は例えば、自身の仕事や家計、自分の生活の充実、そして子どもとよい関係を築くことなどである。不登校自体には、必要な時に子どもと話し合って共同で進めればよい。こうなれば、課題の分離から「課題の分担」となる。このように「課題の分離」ができて、子どもに親が過干渉しなくなると、意外と時間が空いてしまう。その時間にどうするかという親の課題が出てきたら、改めて、自分のライフスタイルや人生目標の視点から、中年期の課題に向き合うことができる。

その時には、その人の子どもの頃からの劣等感の補償がテーマになるかもしれない。例えば、ギターに挫折した思春期を思い出して再トライするとか、家庭の事情で進学できずに学歴コンプレックスを抱えていたが、通信制などで社会人が入れる大学や大学院に進学してみる、といったことがある。「人生のリベンジ作戦」がテーマとなる。

アドラー心理学では、人はいつでも変われる、決断すれば性格だって変えられる、自分は自分の人生の主人公であるという「主体論」「個人の主体性」を大前提にしているから、カウンセラーは自信をもってアドバイスできるのである。

老年期とアドラー心理学

１　アドラーと老年期

アドラー自身は一九三七年に六七歳で亡くなった。当時としては若くはないかもしれないが、やはり早かったという気がする。フロイトは一九三九年に八三歳で、ユングは一九六一年に八五歳で亡くなったので、「臨床心理学の三巨人」の中で最も早く、若くして逝ってしまったことになる。「アドラー心理学は未完である」といわれることがあるが、もう少し長生きしていたら、さらに自らの心理学を発展させることができたかもしれない。

そのためもあってか、アドラーが老年期について詳しく述べたものは他の世代に向けたものより少ないようである。それでもアドラーは、老人は加齢による性的機能の衰えや閉経、知的能力の衰え、家族形態の解消や子どもの結婚、仕事や名声から離れることなどから、強い劣等感を持つことがあることを指摘している（Ansbacher & Ansbacher, 1956）。その劣等感を過度に補償しようとして、神経症的行動を取る老人も現れ、嫉妬や貪欲さ、支配性、サディスティックな傾向が強まったり、孫を過度に甘やかすことで、自分の価値を証明しようとすることがあるという。そうならないために、老人であっても社会に貢献すること、仕事に携わることをアドラーは勧める。

> 人は成長してもなおも発達する余地があり、より多くの職業と関心を持つべきである。ところが、これとは反対のことがわれわれの社会で起こっている。老人はいわば隅へと追いやられたように感じている。これは痛ましいことである。老人は働き努力する機会をもっと多く持てば、より多くのことをなしとげ、ずっと幸福になることができるからである。六十、七十、あるいは八十の人

> にすら仕事を辞めるように勧めてはいけない。仕事を続ける方が、人生の計画の全体を変えるより容易なのである（アドラー、二〇一三）

引退して隠居、第二の人生は悠々自適で、というイメージがいまだに強い老年期だが、アドラーは「働け」という。「えー、まだ働かなきゃいけないのか」という声が聞こえてきそうだ。別に嫌な仕事を無理にしなさい、というわけではないだろう。各自のできる範囲で、人々との協力と社会への貢献を楽しめればよいのではないか。

ここで、先に述べた「人生一〇〇年時代」説から、長い老後をどう過ごすとよいかという議論を考えてみると、アドラーの主張が意味を持ってくるかもしれない。後期のアドラーは、特に共同体感覚を強調していたことを考えると、彼がもう少し長生きしていたら、共同体感覚についての考察をさらに深めていたに違いない。したがって、老年期の課題は、さらなる共同体感覚の進化、深化といってもよいと考えられる。

老年期に働くことを勧めるアドラーの提案は、共同体への貢献という労働の本質的意味を問うもので、どのような状況でも考慮するべきことである。やはり彼は時代の先を行っていたと実感する。

2　日本のアドレリアンと老年期

日本では、アドラー心理学の視点から老年期に言及している本は、最近になっていくつか出ている。向後（二〇一六）は、所属（belongingness）が最も重要な動因であるというアドラー心理学の考えに基づいて、仕事のリタイア後には仕事以外の共同体で自分の居場所を作っておくことを勧めている。そして死を恐れるのは、「自分の人生が無意味であったと認めることを怖れる」からであり、この時期にはさらに学び続けることで自分を拡張して、ライフスタイルの呪縛から解き放たれ、共同体感覚をさらに育てることが課題であると述べている。

心理臨床家の八巻（二〇一八）は、定年後に遭遇するかもしれないさまざまな悩みに、アドラー心理学の発想からヒントを与えている。例えば、定年後に再就職して、年下ばかりの職場で疎外感を感じた時に、むしろこちらから年下の仲間をリスペクトすること、そうして「横の関係」を築くことを提案している。

岩井（二〇二〇）は、年をとっても安易に引退とか終活を考えるのではなく、夢を持つこと、貢献し続けることを勧めている。多くの人が「もう先は見えている」「老人とはこういうものだ」という思い込みを持っているが、そのような自己限定する「老いの呪い」から自由になる方がよい、そして、現代は実年齢より七、八かけくらいの年齢のイメージで考えることが妥当ではないかという。六〇歳なら七掛けで四二歳、七〇歳なら四九歳、八〇歳なら五六歳になる。確かに、昔の六〇歳はいかにも老人ぽかったが、今は全くそうは見えない人がたくさんいる。前章で青年期は伸びていることを指摘したが、実はすべての世代で発達がゆっくりしているのだろう。

したがって昔の老人のイメージで自分に制限を設けたり、無理に「らしく」する必要はない。前もいったが、人は何歳でも変わることができるというのは、アドラー心理学の信条である。「人間が変わろうとするのに、もう遅すぎるというような時間制限がありますか」という質問に、アドラーは「たぶんその人が死一日か二日前でしょう」と答えたという（マナスターら、二〇〇七）。老年期のアドラー心理学的実践は、すべてこの発想に基づくべきだろう。

もちろん働くだけでなく、エリクソンのいう如く、老年期にはそれまでの歩みを「統合」するという課題は確かにある。私自身の臨床例は少ないが、時に六〇代後半から七〇代の方がカウンセリングに来られて、ライフスタイル・アセスメントをすることがある。家族布置のワークでは子ども時代だけでなく、その後過ごした家族の歴史やキャリアの変遷もうかがう。私の知らない時代の、歴史の本では学べない意外な話を聞くことができて、興味深く、ありがたく思うことが多い。

人生の終幕が近づき、ゆっくりと黄昏を迎えるというイメージもなかなかよろしいが、死ぬまで人々や共同体への貢献を実践しようとするアドラーの発想も素敵である。イギリス、スコットランドでの講演旅行中に、バタンと亡くなったアドラーらしいと思うのである。

第8章　発達におけるスピリチュアリティ

人の心はどこまで発達するのであろうか。成人期に理性や思考力が頂点に達したら、後は緩慢に衰えていくだけであろうか。本章では、普通の発達心理学、臨床発達心理学の枠組みを超え、さらなる心の成長の可能性を展望する。スピリチュアリティとか宗教性、精神性と呼ばれる領域に関する心理学とアドラー心理学の見解あるいは課題を探っていく。

1　スピリチュアリティの時代到来か

近年、スピリチュアリティに関することに注目が集まるようになってきた。大衆文化としては、「スピリチュアル」と称されるジャンルがあって、大きな書店には堂々と一角を占めており、パワースポット巡りとか開運、ヒーリングや瞑想などがテーマになっている。異星人やＵＦＯなどもその中に入っているようだ。関心のない人には、いかにも非科学的で妖しく見えて仕方がないだろうが、最近はそういったジャンルに関心を持つ人が増えているのも事実である。そこまでいかなくても、日本の伝統文化や歴史、神社仏閣、武道、保守的な思想に関心を持つ人も増えているように私は感じている。玉石混交でいろいろなものが錯綜しているために、これらがすべて心の発達といえるのかはわからない。リベラルな人たちには、心の退行にしか見えないかもしれない。

一方で、既存の宗教団体、明治以降から戦後にかけて誕生したいわゆる新宗教、新々宗教だけでなく、伝統宗教も含めて、ほとんどすべてが信者数の大幅な減少に悩んでいるという。島田裕巳氏によると、昭和の時代は日本の各宗教団体は信者の数を伸ばしていたが、平成になると事態が大きく変わった。信者数が激減し、三〇年間で仏教教団の信者数は八七〇〇万人が四七〇〇万人に減ったというのである。半減に近い。神道系も九六〇〇万人が八〇〇〇万人くらいに減少している（島田、二〇二〇）。

ちなみに、信者が減っているのは日本だけではない。島田氏によると、キリスト教、取り分けカトリックは深刻で、バチカンのあるヨーロッパや、カトリックの牙城であった南米では教会離れがかなり進行しているという。経営が立ちいかなくなって売却される教会も出てきており、天井が高いということでサーカスの練習場になったり、住宅になったり、なんとイスラム教のモスクになるのが一番多いという。西ヨーロッパではイスラム教徒の人口が増えているからである。

日本も世界も、人々のスピリチュアリティのあり方は大きく変わりつつあるのかもしれない。

現在の心理臨床の世界では、認知行動療法のようにエビデンス・ベースドをうたう科学主義のスタンスが主流である。その一方で、「スピリチュアル・ケア」などと呼ばれる活動も目立ってきている。災害や事件における被害者支援や、死別後の心の痛みにかかわるグリーフケア、がん患者の緩和ケアなど、単純に治すというだけでは収まらない分野で「スピリチュアリティ」という言葉が語られることがある。それらは必ずしも科学主義と対立するわけではなく、変に宗教的なわけでもなく、現代社会に受け入れられる形での実践が模索されている。それでも、客観科学の言語が通じない、「人生の意味」が問われる分野であり、実践上の困難はありながらも、真摯に取り組まれている専門家を私も知っている。

そのまた一方で、アカデミアの心理学者や国家資格（公認心理師）、公的資格（臨床心理士など）を持つ（真っ当な）カウンセラーには不本意かもしれないが、一般の人の中にはカウンセリングとスピリチュアルなヒーリングをうたうセラピストを一緒くたにしていることは実は多い。多少は区別していても、両者はかなり近いものと思っている人はいる。私は「普通の催眠療法」（それが何かはここでは説明しない）をするが、時には「前世を見たい」「超能力を得たい」という「主訴」で、やってくる人がいる。その時私は、自分にできることとできないことを、丁寧に説明させていただく。また、クライアントの中には、認知行動療法のカウンセラーとスピリチュアル・ヒーラーを使い分けて、いろいろなタイプの治療者を渡り歩く人もいるようだ。それはそれでその人のニーズに合って、結果的によくなっていただければ問題ないのだが、実際それぞれの「受け心地」はどうなのだろうか。ちょっと気になる。

臨床心理学者の東畑（二〇一五）は、博士号を持つ臨床心理士で、精神科デイケアに勤務しながら、沖縄のスピリチュア的なヒーリングの世界に潜入調査ならぬ体験的フィールドワークをして、日本の「ケアの文化」の様相を描き出した。若手心理士が精神医療と、いかにも妖しげに見えるスピリチュアル的なヒーリング文化の間を行き来して右往左往する物語が大変面白く、「心の治療とは何か」について考えさせられる本である。私たちの日常生活では、科学的な装いをした心理的支援の周辺には常に、それに包摂されないセラピー文化が存在するのである。

これからは、ある特定の宗教団体に入信して、熱心に修行や実践にコミットメントするのではなく（そういう人も一定数はいるだろうが）、拡散されたスピリチュアル文化の消費者として、各自の生活の中で必要性に応じて、自身の人生の意味を創造するために、さまざまなスタイルのスピリチュアリティが実践されていくのではないかと私は考えている。それが「心の発達」といえるのかは、わからないが。

2　マインドフルネス瞑想が開く心の世界

そのような中、心理臨床の世界も、以前よりは客観科学を目指す動きだけではなくなっているように見える。社会構成主義、ナラティブ・アプローチの影響もあるが、なんといっても昨今はマインドフルネス瞑想の流行の影響が大きい。仏教起源の古い伝統を持つ瞑想法が主に米国で科学的に研究され、心の治療に効果があるとして「マインドフルネス瞑想」とラベルされてよみがえった。今は世界中の心理療法や精神医学のみならず、多方面を席巻している。心理臨床界もヒーリングの世界もマインドフルネスが、キーワードである。

もちろんマインドフルネス瞑想は科学的に地道な研究の結果できたもので、決して妖しいものではない。安易に使って誤用してはいけない。しかし私見では、マインドフルネス瞑想の流行は人々の関心を、外側の物質世界から内側の世界へ、西洋中心から東洋の伝統的文化へ、科学主義を伴いながら向けている。そこへよい意味でも悪い意味でも商業主義が入ってきたことで、瞑想という心身変容の方法論が、カウンター・カルチャーからメイン・カルチャーになってきたように思える。

実は私もこのトレンドの恩恵を大変受けている。日々の臨床で瞑想をクライアントたちと堂々と実践できるようになったからだ。

私は何の因果か中学生の時に地元の禅寺で参禅体験をして以来（変な中学生だ）、瞑想歴（?）四〇年になる。その間、仏教、道教（気功法、太極拳など）、古神道などさまざまな由来とタイプの瞑想を体験してきた。ただ、いまだ悟りを得ないし、まあ悟る気もないのだが、瞑想が心身によい影響を与えることは体感的にわかっていた。おそらく座禅やヨーガなどの瞑想を経験したことのある臨床家は、「これは治療に使える」という感想を持った人が多かったのではないだろうか。

しかし、一昔、二昔前は、カウンセリングや心理療法で瞑想を用いるなんて、ご法度とはいわれなくても、けしてほめられず、むしろそんな妖しくて非科学的なものをやめるように指導者や周囲から諭されただろう。精神分析家で寝椅子の代わりに瞑想したという話は聞かなかったし、ユング派は瞑想への親和性は高そうだが、やはり取り入れているという話は聞かなかった。ユング派にはアクティブ・イマジネーションという独自の方法はあるが、瞑想とはいえないだろう。行動療法や催眠療法も、リラクゼーション法はあるが、瞑想そのものではなかった。ただ、東洋思想にも関心のある一部の臨床家が、独自に（こっそりと）取り入れていた、ということはあったかもしれない。

そこへアメリカから「科学的エビデンスあり」というお墨付きの瞑想法が届いたのだから、利用しない手はない。アメリカらしく、非常に上手くパッケージ化、スキル化されているので使い勝手がよい。私も学会や研修会で学び、これまで学んできた瞑想法との共通点と違うところを確認しながら、マインドフルネス瞑想の文脈に沿って使ってきた。ケースによって、適宜工夫しながらクライアントと共に実践している。日常の臨床で瞑想が使えるようになった状況を素直にありがたいと思っている。

ただ、足元にあった瞑想という宝物に気づかず、みすみす欧米人の手柄にされて、逆輸入されてありがたがっているわれわれ日本人の、舶来物好きの習性は相変わらずと思わないでもない。

ともかく、このマインドフルネス瞑想の輸入で、科学的心理療法と古くからの精神的伝統が近づいたことは間違いないと思う。この流れはこれからもっと加速するだろう。以前は高かった科学と宗教、スピリチュアリティの垣根は低くなっていくかもしれない。

3　自己実現の先は何か

人間性心理学者のマズローの「自己実現」は大変よく知られている。有名な「欲求の段階論」の頂点に「自己実現欲求」がおかれていて、何か人生の最終目標みたいになっている。自己実現欲求とは、自分の能力を活かしたい、自分らしさを何らかの形で発揮したいという欲求であり、自らの存在価値を高めようとする欲求である。

自己実現された状態とは、必ずしも社会的な成功だけを意味するわけではないが、それも含むこともあり、人生に対する満足感や達成感、あるいはそのプロセスでその本人が感じること、と私は理解している。マズローは自己が充実した最高度にうまくっている時の幸福な状態を「至高体験」と呼んだ。

アドラー心理学的には、自己実現とは人生目標が達成された状態といえ、まさにマイナスからプラスへと向かう心の動き、優越性追求が成功していることの別の表現といえるだろう。

それもそのはず、マズローは若い頃にアドラーとの交流があり、多大な影響を受けていたからだ。

一九三五年の秋ぐらいから、当時まだ二七歳のマズローはアドラーの非公式の研究会に定期的に参加するようになり、多くの時間を友人として過ごすまでになった。アドラーはマズローの研究を支持し、彼の師の役割を果たしていた。非常に熱心にアドラーから学んでいたマズローだが、やがてちょっとしたいさかいから二人は離れてしまう。ただ、マズローは数十年後になってもそれを悔やんでいたという。

> マズローは一九七〇年に亡くなる少し前に宣言している。「私にとってアルフレッド・アドラーは年を追うごとに正しいものになってきている。事実がわかってくるにつれて、アドラーの人間のイメージはますます確固たるものになってゆく……特に……全体としての人間を強調したことを」（ホフマン、二〇〇五）

こうまでいうのだから、マズローの自己実現理論にアドラーの影を見ることは正当なことであろう。これは推測だが、残されたいくつかのエピソードから、マズローはアドラーのことを心底尊敬し、好きだったのだと思う。

しかし、自己実現することはわれわれにとって確かに大事なものだが、問題があることがわかってきた。自己実現を追求することが、自分だけの利益を実現することにフォーカスすることになってしまい、自己中心的で自分勝手な行為になりかねない、ということだ。心理学的には「〝自分が大切〟、幸せになりたいというエゴイズム、さらには〝輝いている自分〟を愛したいというナルシシズム」（諸富、一九九九）の問題として現れる。これはアドラー心理学的には、優越性追求ばかりをして共同体感覚を考慮に入れないために起こること、といえるだろう。

　ちょうどマズローの晩年は、米国では泥沼のベトナム戦争を経て、近代社会の行き詰まりが叫ばれるようになり、虚無感や無力感を感じる人々が増えた時期であった。そこから若者を中心に、人生の意味を問うことや自己探求のニーズが高まったといわれる。

　マズローも自己実現の発想の限界に気づき、自己実現を超えた境地、「自己超越」を視野に入れ始めるようになった。そして「自己実現から自己超越へ」と人はさらに成長することが可能だと考え、新たなる発想、「トランスパーソナル」を提唱するに至った（同書）。マズローは新しい概念であるトランスパーソナルに基づいた心理学を実現しようと動き出したが、その途中で亡くなってしまった。若きマズローに、「アドラーはまたマズローの関心を人間の特徴である共同体感覚の考えに向けた」（ホフマン、二〇〇五）とあるので、共同体感覚という問いかけを、マズローなりに出した答えがトランスパーソナルだったのかもしれない。

4　トランスパーソナル心理学とは

トランスパーソナルとは、Trans Personal、自己意識を超えた意識状態を表す。前述の通り、一九七〇年代にマズローらが中心になってトランスパーソナル心理学として発足した。人間の潜在的可能性や自己を超えた意識状態、「超正常」を研究するとされる。発足時には、当時の著名な心理学者や思想家、作家が集まり、自らを、第一勢力の心理療法としての精神分析学、第二勢力としての行動療法、第三勢力としての人間性心理学に続く、第四の勢力と位置づけた。

ちょうど一九六〇年代以降、東洋の伝統的宗教の指導者やグルがたくさん渡米し、東洋宗教への関心が主に西海岸を中心に高まったといわれる。ドラッグカルチャーやフラワーチルドレン、ヒッピームーブメントなどと呼ばれる運動が盛んになり、玉石混交の混沌とした文化状況の中であった。そして通常の意識を変容させ、自己を超える体験を促す技術や理論、思想が求められた。

> まずトランスパーソナルな体験とは、アイデンティティや自己の感覚が、個人的なものを超えて広がっていき、人類、生命そのもの、精神、宇宙といったより広い側面を含むようになっていく体験のことである。……そして、このようなトランスパーソナルな体験及びそれに関連した諸現象についての心理学的な探求を、トランスパーソナル心理学というのである（諸富、一九九九）

その流れの中で、特に禅などの東洋宗教とその方法である仏教瞑想やヨガや太極拳などのボディーワークが注目され、「トランスパーソナルな体験」を導くツールが模索され、研究された。「ホロトロピック・セラピー」という呼吸を使った変性意識状態誘発的な技法など、独自の方法も開発された。

> トランスパーソナル心理学とは「個を超えたつながり」を志向する心理学。人種・性別・思想信条の違いなどを超えた人と人のつながり、過去の世代や将来の世代とのつながり、人間と生きとし生けるもの、大自然とのつながり、といった水平次元でのつながり、そしてもう一方は、自己の深層無意識やそれを突き抜けた真実の自己とのつながり、人間と人間を超えたものとのつながり、といった垂直次元でのつながり。この両次元での「つながり」へと自分を開き、自らを超えていくことを説く心理学である（同書）

このようなトランスパーソナル心理学が扱おうとしたのは、個人のそれまでの発達プロセスを統合したホリスティックで統合的な自己の状態ということになろう。人の心の発達の最終到達点、ゴールを求め、その実現として、神秘体験や悟り、ゾーン、フロー体験という意識状態を研究、実践した。さらには、スピリチュアリティーや宗教性の再発見、人類愛や慈悲、赦しによる対人関係や社会の変革、生活の中に瞑想や祈りや癒しを導入するライフスタイルの提案、伝統文化、民族文化の見直し、エコロジーやフェミニズムといった社会運動が含まれた。

ということで、トランスパーソナル心理学は大変興味深いテーマを扱っていたが、かなり包括的で、とらえきれない印象もある。日米でトランスパーソナル心理学に関わってきた方々は、現在まで地道に研究や実践を続けているのは私も知っているが、これも時代を先駆け過ぎていたような気が私にはしている。その後の日本や世界が、トランスパーソナル的なものを積極的に受け入れたかというとけっしてそうではなかっただろう。現在の心理臨床界隈でも、トランスパーソナル心理学が話題になることはほとんどない。時代は、トランスパーソナルどころか、八〇年代以降の経済至上主義、二一世紀に入って新自由主義経済やグローバリズムの席巻で真逆の方向性に社会は進み、心理臨床の世界も科学的エビデンスが最重要視されるようになり、トランスパーソナル的なものの出番は著しく減ったように、私には見える。

しかし、日々の臨床や支援の現場では、症状や問題行動の消失や改善を目指すことはもちろん大切だが、時には「人生の意味」や「生きがい」を扱う機会はけっこうあると思われる。なかなか回復しない病気の苦しみ、仕事の挫折、家族関係の破綻、経済的苦境、やめられない依存症など、症状や問題の奥には「自分はどういう何者か」「何のために生きているのか」という存在論的な問題が見え隠れする。カウンセラーや支援者は、多かれ少なかれそういった見えない深い次元を扱っているのではないだろうか。諸富（二〇一五）は、カウンセラーは実は日々の臨床実践の中で、スピリチュアルな次元を扱っていることの自覚を促している。「スピリチュアル・カウンセリング」の対象者とは別に宗教や霊的なある特殊なことに関心のある人だけではなく、「現代社会のすべての人たち」としている。

（スピリチュアル・カウンセリングの対象となるのは　筆者注）毎日の「普通の生活」の中で、さまざまな迷いや悩みを抱えながら、「私の人生はこれでいいのだ。この方向に進んでいけばいいのだ」という「こころの深いところでの、たしかな納得の感覚」を得ることができず、「何か、足りない」という感じを抱えたまま、日々を生きている多くの方（同書）

現在（二〇二一年五月）コロナ禍において、世界は政治経済文化すべての面で大きく揺れ動いている。社会も人々も、つながりどころか分断されている。私たちは、その波をかぶって考え方や生活で大きな変容を迫られているような気がする。人生の意味を根源的に問われるともいえそうで、そういう時代には、トランスパーソナルな視座はこれから必要になってくるかもしれない。

5　人類は神を目指す？

トランスパーソナル心理学とは違った角度から、人の進化は意外な高みを目指す方向に進みつつあるとする論者がいる。世界的ベスト・セラーの『サピエンス全史』（河出書房新社）の著者、歴史学者のユラル・ハラリ氏である。彼によると、近未来、人は科学技術によって神になろうとするのである。

彼は、これから「人間は至福と不死を追い求めることで、じつは自らを神にアップグレードしようとしている」「人類は不死、幸福、神性の獲得を目指す」という。ただ、もはや長期間の瞑想や過酷な修行をしたり、めんどくさい心理学的なワークを行う必要はない。必要なのは微細で精密で、身体に親和性の高い情報処理装置や身体の機能を拡張する機械である。

人間を神へとアップグレードするときに取りうる道は、次の三つのいずれかとなるだろう。生物工学、サイボーグ工学、非有機的な生き物を生み出す工学だ（ハラリ、二〇一八）

テクノロジーの進化は止まることがない。現在の趨勢として、ＡＩ（人工知能）によって知性の限界が露呈され、ＡＲ（拡張現実）やＶＲ（ヴァーチャルリアリティ）によって現実感覚が変容されていくという。

ハラリ氏の予言に従えば、テクノロジーが進むことで、人はテクノロジーと一体化していく。近い将来、人は皮膚の下や脳の中に何かを接続、挿入し、埋め込むことで、心身の変容を成し遂げるのかもしれない。時代遅れの私はできるだけ抵抗したいが、考えてみれば今現在既に、パソコンやスマホなどの情報機器に接続され続けている状態だ。少なくとも情報の次元では、「トランスパーソナルな体験」は実現している。

折しも近年、「トランステック」という新しい概念が生まれている（Ebitani, 2020）。トランステックとは、Transformative Technology の略であり、最近、この分野に詳しい知人からこの運動の存在を教えていただいた。まさに先端的な新しい流れで、トランスパーソナル心理学を土台にしながらも、デジタルデバイスと人間を接続させて、「高次の意識状態」を体験できるようにすることを目指しているらしい。脳への非侵襲的な接続機器やＶＲ、ＡＲなどを使って、心身のウェルビーングを得ようという発想のようだ。例によってアメリカ西海岸発のムーブメントで、さすがにいつもぶっ飛んだことはこの辺りから始まる。トランステックには、既に莫大な市場規模を予想する人もいて、目敏い人たちの注目を引いているという。

人はアドラーのいうように、自らの経験に対して常に意味づけを行う生物である。同時に道具を使うサルでもある。テクノロジーを使うことによって、人の心はどこまで、どのように幸福を自分自身に意味づけることができるのだろうか。その際には、共同体感覚はどうなるのか、疑問に思わざるを得ないが、これも不可避の流れの一つと私は考えている。

人類の「優越性追求」は、意外な結末を迎えるのかもしれない。

アドラー心理学とスピリチュアリティ

1　共同体感覚の発達の先に

基本的にアドラー心理学は、人間関係の改善や社会適応を目指すので、スピリチュアルとか形而上学的なことには関係ないと思われるかもしれない。それよりユング心理学の方が、よほどスピリチュアルっぽいイメージがある。しかし、アドラーの思想にはそういったことに発展していく契機は多分にあった。

本書の前半で述べたように、人は生れ落ちて、母親など特定の養育者との情緒的交流から、他者への関心を芽生えさせ、多くの対人関係を通して共感や協力する能力を伸ばしていく。時間をかけて、共同体感覚という複雑な心理を発達させていくのである。

> （共同体感覚を）生涯にわたって持ち続け、良好な状態の時には、家族だけでなく、一族、国家、全人類にまで拡大する。さらには、この限界を超え、動物、植物や無生物まで、ついには宇宙にまで広がる（アドラー、二〇〇八）

ここでは、日常の人間関係だけでなく、人間以外の存在や宇宙にまで共同体感覚は広がっていくと述べられている。臨床家として優れた腕前を持っていたといわれるアドラーは、空理空論や単なる解釈でなく、現実次元での問題とその解決に関心があったと思われるが、これはまるで「トランスパーソナルな体験」のことをいっているかのようである。どのようにしてアドラーが、このような「境地」に至ったのか私は知らない。共同体感覚の拡大について、単なる論理的な推論ではなく、アドラーなりの実感や体験があったのではないか、と私は想像している。

アドラーは宗教については否定的ではなかった。宗教は、それが協力や仲間意識を高めるという機能を持つ限りは有益なものと思っていた。例えば原始宗教のトーテム信仰では、ある部族ではトカゲを信仰し、別の部族では牛や蛇を信仰する。そうして祭祀を行うことで部族内の仲間と結びつき、協力を増すことができた。宗教が説く最も普遍的で重要な教え、「汝の隣人を愛せよ」は、仲間への関心を増すための努力であるとアドラーは考えた（アドラー、二〇一六）。

そしてアドラーにとって神とは、優越性追求の究極的な姿であった。

> 人類にとって、神の概念とその大きな意義は、個人心理学の観点から理解し、評価することができる。それは、人が偉大さと完璧さを認識することの具体化と解釈であり、個人と社会が人間の将来の目標にコミットすること、現在においては感情と情動を高揚させることで、生きる原動力を高めることにある（Adler, 1979）

この人類の理想について得られた最善の表現は、神の概念である。神の概念が、元来、完全への動きを目的としてそのうちに持っていること、そしてそれが完全の具体的目標として、完全を達成するという人間のはっきりとはしない憧れに最もよく対応しているということは疑いがない。

（アドラー、二〇〇七）

フロイトは宗教に対して否定的で、ユングは独特な仕方で宗教的なものにどっぷりだったが、アドラーは現実の人間関係や社会の次元に軸足を置きながら、その先の心の発達も展望していたことがうかがえる。

私の勝手なイメージでは、トランスパーソナル心理学は自己実現のさらに上の超越性（トランスパーソナルな体験）、ユング心理学は意識の下を掘り進めた末に突き当たる超越性（集合的無意識や元型による太古的なイメージ体験）に焦点を当てていたように見える。垂直方向への「意識進化」である。対してアドラーは、共同体感覚によって横へ横へと意識を広げていき、次第にドーム状に、というか楕円的に上下方向にも伸ばしていく、といったイメージがある。「水平」に伸ばしてから、何となく上下方向への「意識進化」である。ほんとに勝手なイメージであるが、いかがであろうか。

2　スピリチュアル・タスク

以上のようなアドラーの発想を継いで、米国においてアドラー心理学を発展させたドライカースとモサックは、「スピリチュアル・タスク」をライフタスクの中に入れることを提案した（Oberst & Stewart, 二〇一二）。アドラーが出した仕事、交友、愛のタスクに追加したのである。

スピリチュアル・タスクとは、人生の意味を追求することであり、「人間が宇宙との関係において自身を確立する問題」「それは実存主義的、または超越論的な性質からみた人類の存在意義をきづかせてくれるような〈宇宙的な埋め込み（cosmic embeddedness）〉の一形態」「宇宙と和合する能力」（ヤン、ミレリン、ブラゲン、二〇一九）」などと定義される。

別に宗教を信じるとか信じなさい、ということではないことに留意してほしい。無宗教や唯物論となるのも、その人なりのスピリチュアル・タスクへの回答の仕方といえるからである。

アドラー心理学の諸文献を見ても、スピリチュアル・タスクの提案はされても、その具体的な内容や実践の様子を記したものはあまり見られない。まだ理論的、経験的研究が進んでいないとされる（Oberst & Stewart, 2012）。多民族、多宗教の米国では、あまり具体的に宗教やスピリチュアル的な内容を出すことはためらわれるのかもしれない。日本でも宗教の話を臨床や教育の場ですることは控えることが多いだろうから、事情は同じだろう。ただ、数年前に北米アドラー心理学会（NASAP）に参加した際に、マインドフルネス関連の発表がいくつも見られ、瞑想の実践やスピリチュアリティへの関心を持つアドレリアンが多くいることを確認した。今後、欧米のアドラー心理学でもスピリチュアル・タスクの研究や実践が盛んになるかもしれないし、私などは元々関心が高い領域なので、これからの課題として研究していきたい。

3　日本のアドラー心理学とスピリチュアル・タスク

（1）　仏教とアドラー心理学

本邦の代表的なアドレリアンたちは、割と仏教に言及している。

野田俊作氏は早いうちから、瞑想をアドラー心理学的な実践の中心に置いて（野田、二〇一六）、仏教についての言及が多い。仏教とアドラー心理学を比較して、アドラー心理学も仏教も自己の存在を否定していること、どちらも人間を目的論的、全体論的に理解しようとしているなど、両者の異同を論じた（野田、二〇〇〇）。

岩井俊憲氏も仏教に造詣が深く、熱心な実践者であり、先ごろ自身のYouTubeチャンネルで、スピリチュアル・タスクとしての仏教とアドラー心理学について解説した動画を公開している（岩井、二〇二一）。

この他にも、私の知る多くのアドラー心理学の実践者には僧侶であったり、出家をしたり、修行をしたり、仏教に関心のある人は多い印象である。

また、アドレリアンではないが、仏教と心理療法を独自に統合した「唯識心理学」「コスモスセラピー」を開発した岡野守也氏は、アドラー心理学にも深い理解を示し、仏教の唯識論とアドラー心理学を比較統合した著書を著している（岡野、二〇一〇）。それによると、仏教とアドラー心理学には共通点がとても多く、例えば人間が持つ「強い自我確立への衝動」をアドラー心理学では「優越性への努力」と呼び、仏教では「マナ識」というと述べている。他にも人間は極めて主体的・主観的存在であること（仮想と唯識）、主観的であるため誤った人生観・世界観を持つこと（私的論理と無明）、自分の誤りに気づくことで自他ともに調和した生き方ができること（共同体感覚と自利利他・慈悲）など、仏教とアドラー心理学は相似形であることを指摘している。もちろん目的や対象とする「発達段階」は違うが、臨床家はクライアントのニーズに合わせて柔軟に実践するべきところから、「アドラー心理学者にとっても仏教者にとっても、相互にないものを補いあう、あるいは統合的に学習しあうという生産的な関係になる基礎は十分にあるのみならず、むしろ必然・必須だとさえいえるのではないか、と筆者は考えています」と、かなり好意的に論じている。

欧米ではアドラーのことを、「西洋の孔子」と呼んだという話を聞いたことがあるが、このように我が国では仏教との相性がよいようである。

他に八巻秀氏は、家族療法（システムズアプローチ）の達人として著名な東豊氏の「Ｐ‐Ｎ循環理論」を援用して、現実的な臨床とスピリチュアリティとのつなげ方を提案している。「Ｐ‐Ｎ循環理論」

とは、人の中にＰ（ポジティブ）要素とＮ（ネガティブ）要素があり、それが対人関係の中で循環するという発想である。シンプルな考え方であるが、確かにＮ的な考え方と発言ばかりしていれば、相手との関係性もＮ的になりやすいし、人生もうまくいかないであろう。八巻氏は、セラピストがクライアントとよい関係（Ｐ関係）を結ぶだけでなく、天の神仏とのＰ関係を結ぼうとする姿勢を「縦型Ｐ循環」として勧めている（鈴木・深沢・八巻、二〇一七）。それは「神様のような存在に勇気づけをする……単純にいうと、あの存在（神）に祈るときに、〈ありがとう、うれしい、助かる〉と言えばいいんですよ」という考えである。「ありがとう、うれしい、助かる」は、最もベーシックで強力な勇気づけワードである。臨床家として神仏に祈り、感謝すること、それは神仏への勇気づけともいえ、そしてこちらも勇気づけられる、ということになる。私も東氏の著作や講演に触れて、このシンプルにして本質的な「臨床思想」に感銘を受けていた。この理論には、東氏の仏教への帰依の姿勢が背景にあるようで、臨床における仏教的実践として注目されるべきかもしれない。

（２）神道とアドラー心理学

仏教とアドラー心理学は、スピリチュアル・タスクの実践として、有意義な連携が結べそうである。キリスト教や他の宗教については、私は門外漢なのでここでは触れない。

以下に述べることは、現時点での私の個人的な探求による見解であり、学術的な根拠があるわけではないことをお断りしておく。

　仏教が日本人のスピリチュアリティの大きな柱になっているのは、歴史的にも現在においても間違いないが、私は、日本人のスピリチュアリティ、宗教性の本質にあるのは神道である、と考えている。本質といってもどこかに秘匿されているわけではなく、私たちの日々の生活習慣、ものの見方、会話、社会活動など、あちこちにそれは現れている。正月などの年中行事は神道由来のものがほとんどであり、大事な時は神社に参って神頼みをする人は多い（もちろん、お寺にも行くが）。結婚式などの、ある状況での「言ってはいけない」忌み言葉や、「ありがとう」を唱えることで開運を目指すことなどは、心理学的なご利益以前に、日本語特有の言霊思想が背景にあるだろう。神社参拝やパワースポット巡りのような旅行はみんな大好きだし、万物すべてに神が宿るという自然観、日本人独特のきれい好きの習慣、そして多くの日本人の天皇家に対して尊崇する態度など、さまざまな立場はあるにしても、これらはみんな神道的なものである。また、どんなに無宗教を宣言していても、アパートの事故物件に好んで入れる人はどれだけいるだろうか。これは穢れ、祟りの意識が合理性より優ることの証ではないか。

　現代日本でも、神道あるいは神道的な文化の影響を受けていない人は、極めて少ないだろう。しかしながら、周囲や心理臨床界を見渡しても、神道について詳しいという人に出会うことは少ない。前述のアドレリアンたちのように、仏教について詳しい人はけっこういるのだが。

このように何となく日々の空気のようにあって、普段自覚することはなく、私たちの生活に密着しているのが神道ではないかと思う。

民俗学者の新谷（二〇一八）は、神道は歴史的な伝承と変遷が関係し合う動態的な運動であり、形式であり、容器であり、例えると電車やバスみたいな乗り物であると述べている。伝承される中核はありながらも、その表現形態は時代とともにかなり変わっていくのが神道である。したがって私たちは、由緒ある神社に参ってよい気分にもなれるし、クリスマスの直後でも正月を楽しめるのである。なぜなら、日本には神様がいっぱい、いっぱいいるからである。私たちは、知らず知らずに神道的な生活様式を送っているのである。

日本の仏教は「神仏習合」といわれるが、古代インドで釈迦が始めた頃の仏教とは全く違う姿をしているとはよくいわれる。「大乗仏教は、本来の釈迦の教えとは異なる別個の宗教である」（佐々木、二〇一九）のであり、日本にたどり着いた仏教はさらに独自の変化をしてきた。

仏教は飛鳥時代に伝来して、国家鎮護の国教となって時々の支配者の庇護を受けて発展し、時間をかけて土着化し日本化した。そのプロセスについて、最澄以降の仏教者が「神仏習合」として成立させたと教科書や本などで私たちは学んでいるが、つまりそれは、仏教が神道化した姿といってもよいのではないか。歴史的には、仏教と神道の関係はなかなか複雑のようであるが、総じて、一見仏教が表舞台に出ているが、背後で働いているのは神道的な心のあり方であるように私には思える。先祖崇拝やアニミズム的、多神教的な仏像や神像など、私は専門家ではないからこれ以上はいわないが、そのように思えて仕方ないことは多い。

そもそも神道は宗教ではない、という意見もある。釈迦やキリストみたいな創始者がいないし、明確な聖典はないし（古事記は神話の伝承と歴史書である）、教義もない。宗教たる諸条件を持っていないということらしい（新谷、二〇一八）。

それでも、神道は明らかに日本人特有の精神のあり方を作っている。宗教そのものではないかもしれないが、スピリチュアリティ、アドラー心理学的には自己を超えた自然や存在との関係を扱うスピリチュアル・タスクにかかわるものといえるかもしれない。

したがって、日本においてアドラー心理学のスピリチュアル・タスクの考察や実践には、そして日本人にとっての心の発達を考察する時には。神道を考慮に入れることは重要ではないかと私は思うのである。

ただ、神道の影響は先に見たようにあまりにも多岐に渡っているので、捉えどころがない。仏教のような膨大な文献と理論の蓄積があるわけではないので、民俗や文化といった表象的なものを手掛かりにするしかないように思える。しかしそれでは、民俗学や社会学にはなっても、心理学的な成長との関連が見えにくくなる。

心理学の世界で神道に真正面から取り組んだものは、あまりないように思われる。古事記の神話を精神分析学的、ユング心理学的、アドラー心理学的な解釈をした文献はあるが、あくまでそれらは各心理学理論の枠組みで解釈したものに過ぎないので、ここでは取り上げない。神道そのものを扱ってはいないように見えるからである。

　他には、トランスパーソナル心理学の文献の中で、久保隆司氏が神道について触れている。久保氏は、一三〇〇年前の古代に書かれた『古事記』『日本書紀』の記述を検証できる神社、祭事、事績、伝承などが日本各地に残っていることを指摘し、「この古代と二十一世紀の現代が直結している実感体験は、一種のトランスパーソナル体験といえるかもしれない」と指摘している。そして、神道はおよそ二〇〇〇年もの長きにわたって日本人の生活史とともにあり、「二十一世紀の人類にとって学ぶことが多いフロンティアなのである」としている（諸富ら、二〇一五）。私の視点とおよそ同一である。

　しかし、神道とその周辺文化が日本人の心の様相として取り上げられるのは、神話の心理学的分析か、「日本人の魂のルーツ」としての古代や縄文時代に関心が向けられる時ぐらいである。逆にいえば、それ以降の神道について、心理学的には全く触れられていないということである。やはり、飛鳥・奈良時代から現代までの長い歴史を扱うのは難しく、取り分け明治以降の「国家神道」の傷跡は大きく、神道は天皇制といった政治的な関連性が強く意識されやすいためかもしれない。しかし私は、神道的心の体験様式について、あるいは神道的意識状態についての研究や報告がもっとあってもよいと思うのである。

そのような問題意識を持ち始めた時期、私はたまたま、ある古神道を伝承する人との縁ができ、その思想体系を学び、修行システムに参加する機会を得た。古神道とは、明治以降に国策として作り上げられた「国家神道」以前に伝えられてきた神道の流れを総称していうことが多い。古神道にもいくつかの流派のようなものがあり、私が出会ったのは宮中祭祀を司ってきた極めて古い歴史を持つ神道であり、記録では平安時代中期にまでさかのぼり、幕末までの約八〇〇年間宮中祭祀を司ってきたという。その方たちは、現在でも祭祀と修行システムの伝承を行っている。そのグループはいわゆるスピリチュアルな分野とは一線を画して独自の活動をしており、宗教団体ではない。一般的な宗教としての活動はしていない。

そこで私が教えられた神道思想のキーワードが、「惟神《かんながら》」と「公《おおやけ》」であった。「惟神」とは、人はもともと神であったという考えであり、動物、自然すべてのものと一体であるという神観である。「公」とは、人は公の意識を持って公に対して貢献的な行動をすることが意識の成長につながる、といった教えであった。

「八百万《やおよろず》の神」といわれるくらいの多神教が神道の特徴とはよくいわれるが、神道では神とは、絵や像として描かれるような人格神ではなく、万物の「働き」をいう。公とは、一般には地域社会を含む国家であるが、古神道的にはさらに深い境地があるらしい。公に尽くすといっても、滅私奉公とか権力者に絶対服従するということではなく、自己の本分を発揮することが即ち公に貢献することになり、それゆえ公に尽くすというのは、本来は苦しいものではなく、楽しいものになるという。「公は楽しい」という言葉を教えられた。

古神道を学んでみて、私は、これらは率直にいうと、アドラー心理学の共同体感覚の思想とかなり共通すると思った。自分の中に神がいると感じれば、自分を大事にしようとするに違いない。どのような相手の中にも神を見る姿勢であれば、自ずからその人を尊敬、信頼しようという態度になるであろう。あらゆるものに神が宿るとすれば、それを清浄に保とう、大切にしようという意識が高まり、自己と他者、世界の境界は薄くなり、相互の働きは結びつき合い、その結果個人のアイデンティティ感覚は広がるかもしれない。このような働きを表す神道のもう一つの重要なキーワードが、「結び」である。「結び」の思想は、多様なものを分断するのではなく、つながらせ、統合しようとする働きを肯定することである。

「公」とは自分の属する共同体のことである。古神道では、公に貢献することがその人の潜在能力を最大限引き出すことになるので、これも、共同体感覚を高めることは精神的な健康を促進するというアドラーの思想とも重なるように私には思われた。

これ以上語るとマニアックになりすぎて、本書の目的から外れるからここまでにしておくが、神道から学び取れる思想と実践は、共同体感覚の育成とも十分に関連しそうで、日本人のスピリチュアル・タスクの実践の可能性の一つとして、ここで示唆をしておきたい。

神道の修行システムの体験については、私はまだ何事かをいえる段階ではない。ただ、仏教の座禅や密教の修行法とは違った体系があり、「神人一如」の境地に向かうための、心理学的にいえば変性意識状態を作るための技術には大変興味深いものがある、というに留めておきたい。

アドラーがいう通り、人は何事にも意味づけをしなければすまない生物であるとすれば、スピリチュアル・タスクはその極北である。しかし、その内容はきわめて個人的なものであり、表立って語ることは今でもはばかられるところがあるかもしれない。だが、人にとっては普遍的な課題であり、今後はアドラー心理学にとっても、他の心理臨床学にとっても、スピリチュアル・タスク的なものに対する関心は高まると筆者は予想している。

終章　セルフ・タスク、主体性と身体性の確立

1　セルフ・タスクの重要性

（1）自分に向き合う

スピリチュアル・タスクは重要であると同時に、難しさもある。この分野に対する批判的な意見としてよく聞くのは、それに取り組むことは、ただ観念やファンタジーの世界で遊ぶだけで現実逃避になってしまうという危険性である。あるいは安易な商業主義やカルト的なものにはまってしまう恐れもある。アドラー心理学的には、他のライフタスクを避けるために、スピリチュアルなものに没頭するというのはあるように思える。ただこれは、スピリチュアル・タスクだけでなく他のライフタスクにもあり得ることである。

私はそれが必ずしも悪いとは思わない。世の中には世俗のことはからっきしだが、抽象的、哲学的なことには秀でている人、センシティブで芸術的、霊的な感性の優れている人はいるものだ。ほ

とんどひきこもりのような世捨て人でも、文学史に残る作品を書いた人もいる。共同体に貢献してくれればよいのだ。

一方で私は凡人なので、あまり極端に偏るのではなく、中庸、バランスも大切だと思う方である。地に足をつけて生きていくには、アドラーの提示した仕事、交友、愛の三つのタスクを考慮した生活をするとともに、自分とうまくつき合う、自己認識のあり方が重要であるように思われる。それをアドラー心理学では、「セルフ・タスク」ということがある。

セルフ・タスクとは、個人が自身とどのようにうまくやっていくか、自分とうまくつき合う能力、自身との調和に関することである。モサックとマニアッチ（二〇〇六）によると、セルフ・タスクには以下の四つのサブタスクが考えられるという。

一つは「生存」についての自己の感覚であり、健康に関すること（自分はどれくらい健康か）や自己評価に関すること（私は何をしようとしているのか）、社会的な所属のあり方（私はどこに、どのようにして所属するのか）に関することである。

二つ目は「身体イメージ」についてのことで、自分の身体とその認知との一致度に関することである。実際の身体と身体イメージが一致しており、それを快く思えるほど、建設的に行動できるようになる。反対にあまりに不一致が大きいと、摂食障害（拒食症）などのリスクがあるかもしれない。

三つめは、「意見」で自己に関する認知のことで、安全感覚や自己評価、優越性、劣等感の基盤となる。自分をどう思うか、どのように自分と付き合うかということに関する考え方である。

四つ目は「評価」で、「善い私」「悪い私」「私ではない」などと、自己に関する価値判断に関することで、養育者の子どもへの態度の影響を受けるという。養育者が愛や温かみのある態度で子どもに接すれば、「善い私」が発達し、強く非難する態度で接し続ければ「悪い私」が発達する。養育者が子どもに何のフィードバックも与えていなければ、子どもは自分のことを正確に処理できず、「私ではない」という感覚を持ちやすくなる。

以上より、セルフ・タスクに関連するのは、自己概念や自己理想といったライフスタイルの認識、劣等感とその補償のあり方、意識と無意識や身体感覚などの全体的感覚、自分の人生に対する主体感や自己受容感、自己統制感、自己効力感、自尊心などについての認識や感情、セルフケアなどストレスマネジメント、そしてトラウマの問題などが考えられる。

どれも大きい問題だが、要するに自己を確立すること、主体性の感覚を持って生きることを決断することではないかと思う。スピリチュアル・タスクを健全にこなすためには、まずセルフ・タスクへの取り組みが健全である必要があると私は考えている。

同様の考えは、トランスパーソナル心理学を理論面で開拓したケン・ウィルバーが「〈前／超〉の虚偽」という概念で主張していた（ウィルバー、一九八七）。ウィルバーの高度で抽象的な議論をこのコンテキストに沿ってまとめると、自己の発達が未熟なまま、すなわち、「自我の確立」がなされないままで宗教とかスピリチュアル的なことに首を突っ込むと、幼児的な退行や依存状態に陥ったり、病的で極端なことに突っ走ってしまうリスクがあるというのである。人生の実生活において、十分に自己を発達させてから、トランスパーソナル的なことに取り組むべきである、というのがウィルバーの考え方であった。「〈前／超〉の虚偽」はずいぶん前に提出された考えだが、現代においてもかなり妥当すると思われる。確かに巷で流行るスピリチュアルブームには、いかにも安易で危うくて、簡単に非合理的な信念を強化しているに過ぎないと感じることは多い。

一見超越的、超自然的なファンタジーに耽溺したり、カルト的な集団やカリスマ的な指導者に依存することは、ウィルバーによれば偽物の超越である。自己あるいは自我を確立していなくては、それを超えることはできない道理である。

（2）身体性への関心、回復

自己を確立するといっても、自我というか「私」として意識的に自覚できるところだけに焦点を当てるのは十分ではない。よく誤解されるが、アドラー心理学の個人の主体性の強調は、意識的自己（自我）だけを重視しているわけではない。無意識や身体的プロセスを含めたすべてを含めようとする態度のことである。ただ、無意識のすべてを認識することはできないので、そのプロセス全体を信頼して任せる感覚を持つことが大切であると私は考えている。自己を信頼し、自分の身体から感じられる感覚や直観を信頼する態度である。反対に多くの人、クライアントとして来られる方の多くは、自己の考えに自信がなく、自分の身体から発せられるサインを信頼できないでいるように見える。

そのためにポイントとなるのは、身体性をどう把握するかということである。

理性や思考はダイレクトに世界を認識することはできない。必ず身体を通して世界と接している。哲学者の小川仁志氏は、メルロ・ポンティを引きながら、「私が世界に存在するものの各々の差異を認識するのは、私の身体を媒介にしている」「私にとっての身体は、単にそれが私の身体であるという意味を超えて、世界と私をつなぐ媒介物」といい、身体を通して世界を意味づけているのだから、身体を大切にすることが世界をよりよく見ることになると述べている（小川、2021）。

「主体性」とは、自分が自分の人生の主人公であるという感覚である。神経科学的には、主体性には「内受容感覚」の働きが不可欠という。世界的なトラウマ研究・治療の権威、ヴァン・デア・コーク氏は、「内受容感覚とは、体に基づく感情である微妙な感覚の自覚だ。その自覚が大きいほど、自分の人生を制御する潜在能力も大きくなる。自分が何を感じているかを知るのが、なぜそう感じるのかを知るための第一歩だ」（コーク、二〇一八）と述べている。内受容感覚とは、自分の身体の内側の感覚を感じ取る力のことであり、その力が高ければ、何が内側に起こっているかを感じ取れ、危険があれば対処する態勢に入れる。しかし、トラウマに苦しむ人は、この内受容感覚が十分に働いていないことがわかっている。むしろトラウマによって、それにつながることを遮断されている。したがって、トラウマの回復には内受容感覚の賦活、活性化が不可欠であり、そのためには心身のプロセスの監視塔である脳の内側前頭前皮質が働かなくてはならない。内側前頭前皮質の働きを高めるのはマインドフルネスの練習がよいという。そのためにコーク氏は、インドのヨーガ、中国の太極拳や気功、日本の合気道などの武道を高く評価し、ヨーガの効果を研究したり、護身術の稽古でトラウマによる恐怖を克服した患者のエピソードなどを紹介している。東洋のマインドフルネス的な技法が、単なる代替医療ではなく、ＰＴＳＤの治療に用いられ始めている。

　私はアドラー心理学や臨床発達心理学を学びながら、縁あって伝統的な中国の武術、気功法を学んでいる。その関連で、気などの東洋的な身体観や、最近一部で注目されている武術的身体操作について関心を持ってきた。あくまで個人的な学びだが、普段の臨床でもそういったところで学んだことをクライアントに伝えてワークをしてもらうことがある。例えば、スクールカウンセリングにおいて、相談室に来る子どもに護身術を教えたことがある（深沢、二〇一七）。ある中学校で、高校進学先にいるかもしれない怖いお兄さん対策として、護身術を習いたいという男子生徒に出会った。その殊勝な心がけに私は感銘して、カウンセリングという名の稽古をした。また、マインドフルネス瞑想にはしっくりこなかったと訴えるパニック障害のクライアントに、じっと立つ気功法（站椿とか立禅と呼ばれる）を試したら、喜ばれて効果的であった。足元がしっかりする感じが、パニックに対する予期不安から身体感覚を取り戻せることになったらしい。重度のチック症状のある青年に太極拳を学ぶように勧めたら、劇的に改善した例もある。自分の身体感覚がよくなって、チック症状が出るのを未然に感じ取れるようになったことと、護身術の稽古によって、自分の弱さという劣等感が緩和されたからと考えられる。

このように臨床場面で出会う人たちは、セルフ・タスクへの取り組みが必要なことがあるので、身体を通してそれを学ぶことには、実際的な効用はありそうである。身体性を大切にすることは自己の感覚が安定して、不安の対処がうまくなったり、トラウマ記憶やトラウマ反応の処理に役立つだろう。

私の知るところでは、アドラー心理学を学ぶ人たちには、医学、看護など医療領域の方たちもいるし、武術や整体、ヒーリングなど心身やスピリチュアリティに働きかけるワークに携わっている人たちもけっこういる。アカデミックな心理臨床分野だと身体性や全体性を重視するとはいいながらも、実際は内面や言語重視の立場が多く、私から見るとまだ不十分である。アドラー心理学はよい意味で曖昧なので、全体論という視点の元、古今東西の多様な知と技法を網羅、統合できるかもしれない。

2 アドラー的臨床発達心理学を目指して

ここまで、人の心の発達をごくごく大雑把ながら、一気通貫的に眺めてきた。かなり粗い描写だが、アドラー心理学が人の発達に深く関心を持ってきたことは理解していただけたであろうか。

心は常に身体とともにある。私たちの日常生活では、その時点での心身の諸状態と対人関係が一体となって動いているが（全体論的認識）、発達的に見ると「身体が先、心は後」ともいえる。身体的諸条件の発達が土台となって心の発達をうながす。発声器官ができて、言葉が出るようになる。児童の体から大人の体に変化していき、心のあり様も複雑に変化する。

そのようなプロセスの中で、人は他者と関わり続け、そこでの折々の対人関係や社会との関係がライフタスクとなり、さらに心身の発達が引き出される。その相互作用を通して、個人が自分のライフスタイルを創造していく。そのダイナミックな動きの中で、常に優越性追求、マイナスからプラスへ、よりよい存在になることを目指して歩み続けるのが、個人の発達の姿なのである。そして、そのプロセスを応援するのが、勇気づけであると私は考えている。

参考文献

第1章

Ansbacher, H & Ansbacher, R. (1964) *The Individual Psychology of Alfred Adler.* Harper & Row, Publishers, Inc. p.135

麻生武・浜田寿美男（二〇一九）よくわかる臨床発達心理学　第4版、ミネルヴァ書房、一六〜一七頁

アドラー・アルフレッド（二〇〇七）生きる意味を求めて、岸見一郎訳、アルテ、七九頁

アドラー・アルフレッド（二〇〇八）人間知の心理学、岸見一郎訳、アルテ、二五、三五〜三六頁

ドライカース・ルドルフ（一九九六）アドラー心理学の基礎、野田俊作監訳・宮野栄訳、一光社、四五〜四六頁

深沢孝之（二〇一五）早期回想、鈴木義也・八巻秀・深沢孝之、アドラー臨床心理学入門、アルテ、一三五〜一四四頁

深沢孝之編著（二〇一五）アドラー心理学によるスクールカウンセリング入門　どうすれば子どもに勇気

を与えられるのか、アルテ

深沢孝之編著（二〇一七）思春期・青年期支援のためのアドラー心理学入門　どうすれば若者に勇気を与えられるのか、アルテ

深沢孝之編著（二〇一九）不登校に向き合うアドラー心理学　どうすれば子どもと親に勇気を与えられるのか、アルテ

Griffith, J. & Powers, R. (2007) *The Lexicon of Adlerian Psychology.* Adlerian Psychology Associate, Ltd. p.39.

岩井俊憲（二〇一一）勇気づけの心理学　増補改訂版、金子書房、六六〜六七頁

マクゴールドリック・モニカ、ガーソン・ランディ、ペトリー・スエリ（二〇一八）ジェノグラム　家族のアセスメントと介入、渋沢田鶴子監訳、金剛出版

野田俊作（一九八八）実践カウンセリング、ヒューマン・ギルド出版部、一二一頁

鈴木義也・八巻秀・深沢孝之（二〇一五）アドラー臨床心理学入門、アルテ

内田若希（二〇一七）自己の可能性を拓く心理学　パラアスリートのライフヒストリー、金子書房、一一三〜一五二頁

八巻秀（二〇一五）対人関係論、鈴木義也・八巻秀・深沢孝之、アドラー臨床心理学入門、アルテ、四七頁

第2章

麻生武・浜田寿美男（二〇一九）よくわかる臨床発達心理学　第4版、ミネルヴァ書房、二一～二三頁

アドラー・アルフレッド（二〇〇七）人間知の心理学、岸見一郎訳、アルテ、四〇～五〇頁

岡田尊司（二〇一一）愛着障害　子ども時代を引きずる人々、光文社新書

近藤清美・尾崎康子編著（二〇一七）社会・情動発達とその支援、ミネルヴァ書房、五三～五六、九九～一一二頁

三宅美絵子（二〇一七）0歳からのアドラー流怒らない子育て、秀和システム、二七～二八頁

無藤隆・岡本祐子・大坪治彦（二〇一一）よくわかる発達心理学　第2版、一〇～一一頁

野田俊作（一九九四）続アドラー心理学トーキングセミナー　勇気づけの家族コミュニケーション、アニマ二〇〇一、一七二～一七三頁

Smith, A (2010) *Distinguishing the Holistic Context of the Inferiority-Superiority Striving : Contributions of Attachment and Traumatic Shame Studies.* The Journal of Individual Psychology

高橋一公・中川佳代子（二〇一九）発達心理学15講、北大路書房、二九～三二、六三頁

滝川一廣（二〇一七）子どものための精神医学、医学書院、一一三～一一四、一一五～一一六頁

第3章

麻生武・浜田寿美男（二〇一九）よくわかる臨床発達心理学　第4版、ミネルヴァ書房、二一～

二三、二七頁

アドラー・アルフレッド（二〇〇七）人間知の心理学、岸見一郎訳、アルテ、七七〜七九、一〇〇〜一〇二、一六一、一六二〜一六三頁

フーバー・アン、ホルフォード・ジェレミー（二〇〇五）初めてのアドラー心理学、鈴木義也訳、一光社、二〇〜二三頁

古庄高（二〇一一）アドラー心理学による教育　子どもを勇気づけるポジティブ・ディシプリン、ナカニシヤ出版、九五〜一〇二頁

鈴木義也・八巻秀・深沢孝之（二〇一五）アドラー臨床心理学入門、アルテ、一三五〜一四四頁

Smith, A (2010) *Distinguishing the Holistic Context of the Inferiority-Superiority Striving : Contributions of Attachment and Traumatic Shame Studies.* The Journal of Individual Psychology

滝川一廣（二〇一七）子どものための精神医学、医学書院、一四〇〜一四五、二四八〜二五二頁

ザイグ・ジェフリー・K、ムニオン・W・マイケル（二〇〇三）ミルトン・エリクソン　その生涯と治療技法、中野善行・虫明修訳、金剛出版、一五〜二〇頁

第4章

赤坂真二（二〇一四）赤坂版「クラス会議」完全マニュアル　人とつながって子どもを育てる、ほんの森出版　四頁

アドラー・アルフレッド（二〇一〇）人生の意味の心理学　下、岸見一郎訳、アルテ、一三頁

牛山卓也・山口麻美（二〇二一）発達支援のためのアドラー心理学　どうすれば発達障害とされる子どもを勇気づけられるのか、アルテ、一七一～一七二頁

Kottman, T. (2020) Adlerian Play Therapy : A Personal and Professional Journey. The Journal of Individual Psychology 76 (2), 162-175

Kottman, T. & Meany-Walen, K. (1995) *Partners in Play : An Adlerian Approach to Play Therapy.* Amer Counseling Assn.

黒沢幸子（二〇一五）やさしい思春期臨床　子と親を生かすレッスン、金剛出版、五五～五七頁

Meany-Walen. K. (2020) The Current State of Adlerian Play Therapy Published Research. The Journal of Individual Psychology 76 (2) 176-186

佐藤丈（二〇一六）勇気づけの教室を作る！　アドラー心理学入門（心理学 de 学級経営）、明治図書出版

佐藤丈（二〇二〇）ケース別でよくわかる！　アドラー心理学で学ぶ勇気づけ実践ガイド（心理学 de 学級経営）、明治図書出版

シェーファー・チャールズ・E（二〇一一）プレイセラピー14の基本アプローチ　おさえておくべき理論から臨床の実践まで、串崎真志監訳、創元社、五〇～六七頁

滝川一廣（二〇一七）子どものための精神医学、医学書院、二五四～二六〇頁

ドライカース・ルドルフ、ソルツ・ビッキ（一九九三）勇気づけて躾ける　子どもを自立させる原理と方法、

早川麻百合訳、一光社、九〇〜一〇四頁
山口麻美編著（二〇一七）アドラー臨床心理学入門　カウンセリング編、アルテ

第5章

秋山邦久（二〇〇九）臨床家族心理学、福村出版、四四頁
アドラー・アルフレッド（二〇一六）人生の意味の心理学　下、岸見一郎訳、アルテ、四〇、四四〜四八、五一〜五四頁
Griffith, J. & Powers, R. (2007) *The Lexicon of Adlerian Psychology.* Adlerian Psychology Associate, Ltd. p.93
黒沢幸子（二〇一五）やさしい思春期臨床　子と親を生かすレッスン、金剛出版、五五〜五七頁
Mansager, Erik (2008) Affirming, Lesbian, Gay, Bisexual, and Transgender Individuals. The Journal of Individual Psychology. Volume 64. Number2. 123-136
八巻秀（二〇一七）アドラーは思春期をどう捉えて、その支援を行ったのか　そして今私たちはどう支援するのか、深沢孝之編著、思春期・青年期支援のためのアドラー心理学入門　どうすれば若者に勇気を与えられるのか、アルテ、二〇頁
The Journal of Individual Psychology

第6章

アドラー・アルフレッド（二〇一六）人生の意味の心理学　下、岸見一郎訳、アルテ、一〇九～一一〇、一一一、一一八、一六九～一七〇頁

榎本博明（二〇一二）よくわかる青年心理学、ミネルヴァ書房、五～七頁

大野久編著（二〇一〇）エピソードでつかむ青年心理学、ミネルヴァ書房、四、一一七頁

黒沢幸子（二〇一五）やさしい思春期臨床　子と親を生かすレッスン、金剛出版、五五～五七頁

サビカス・マーク・L（二〇一六）ライフデザイン・カウンセリング・マニュアル、日本キャリア開発研究センター監修、水野修次郎監訳・著、加藤理恵訳、遠見書房、七九～八二頁

浅井健史（二〇一七）学生相談に生かすアドラー心理学、深沢孝之編著、思春期・青年期支援のためのアドラー心理学入門　どうすれば若者に勇気を与えられるのか、アルテ、七八～八二頁

第7章

アドラー・アルフレッド（二〇〇七）生きる意味を求めて、岸見一郎訳、アルテ、二二三頁

アドラー・アルフレッド（二〇一三）子どもの教育、岸見一郎訳、アルテ、一五六～一五七頁

アドラー・アルフレッド（二〇一六）人生の意味の心理学　下、岸見一郎訳、アルテ、一〇八～一一〇頁

Ansbacher, H. & Ansbacher. R. (1956) *The Individual Psychology of Alfred Adler.* Harper & Row, Publishers, Inc. 443-445

岩井俊憲（二〇二〇）アドラーに学ぶ70歳からの人生の流儀、毎日新聞出版、一二〜一三頁
向後千春（二〇一六）人生の迷いが消えるアドラー心理学のススメ、技術評論社、一三〇〜一四四頁
マナスター・G・J、ペインター・G、ドイッチェ・D、オーバーホルト・B編（二〇〇七）アドラーの思い出、柿内邦博・井原文子・野田俊作訳、創元社、六三頁
高橋一公・中川佳子（二〇一九）発達心理学15講、北大路書房、三二頁
島田裕巳（二〇二〇）捨てられる宗教　葬式・墓・戒名を捨てた日本人の末路、SB新書、一三五〜一四〇頁
上野千鶴子（二〇〇九）男おひとりさま道、法研、一五頁
八巻秀（二〇一八）定年後の人生を変えるアドラー心理学　Adler's Bar へようこそ、講談社、一〇〜一七頁

第8章

Adler, A (1979) *Superiority and Social Interest.* Norton. p.276
アドラー・アルフレッド（二〇〇八）人間知の心理学、岸見一郎訳、アルテ、五〇頁
アドラー・アルフレッド（二〇一六）人生の意味の心理学　下、岸見一郎訳、アルテ、一二六〜一二七頁
Ebitani, Satoshi.(2020) マインドフルネスの先、「トランステック」を知っていますか、Linked in. https://

jp.linkedin.com/pulse/マインドフルネスの先「トランステック」を知っていますか-satoshi-ebitani

岩井俊憲（2021）スピリチュアル・タスクとしての仏教とアドラー心理学 https://www.youtube.com/watch?v=N71qdPV3ZLE

ホフマン・エドワード（二〇〇五）アドラーの生涯、岸見一郎訳、金子書房、三九三～三九六、四二六～四二七頁

諸富祥彦・日本トランスパーソナル学会共編（二〇一五）最新！トランスパーソナル心理技法、コスモス・ライブラリー、三八七～三九〇頁

新谷尚紀（二〇一八）神道入門　民族伝承学から日本文化を読む、ちくま新書、一〇、二〇〇～二〇三頁

諸富祥彦（一九九九）トランスパーソナル心理学入門、講談社現代新書、四〇、四五、六二～六九頁

諸富祥彦（二〇一五）スピリチュアル・カウンセリング入門　上、理論編、誠信書房、iii‐vi

Oberst, U. & Stewart, A. (2012) *Adlerian Psychology : An Advanced Approach to Individual Psychology.* Routledge. p.202

野田俊作（二〇〇〇）アドラー心理学と仏教における全体論、アドレリアン第14巻第2号、日本アドラー心理学会、一～九頁

野田俊作（二〇一六）グループと瞑想　アドラー心理学を語る2、創元社

岡野守也（二〇一〇）仏教とアドラー心理学　自覚から悟りへ、春秋社、三六三～三六五頁

佐々木閑（二〇一九）集中講義　大乗仏教　こうしてブッダの教えは変容した、ＮＨＫ出版、六～九頁

島田裕巳（二〇二〇）捨てられる宗教　葬式・墓・戒名を忘れた日本人の末路、SB新書、一九～三二頁
鈴木義也・深沢孝之・八巻秀（二〇一七）臨床アドラー心理学のすすめ　セラピストの基本姿勢から実践の応用まで、遠見書房、一五九～一六〇頁
東畑開人（二〇一五）野の医者は笑う　心の治療とは何か?、誠信書房
ヤン・ジュリア、ミレリン・アラン、ブラゲン・マーク（二〇一九）アドラー心理学を生きる　勇気のハンドブック、今井康博・日野遼香訳、川島書店、三五～三六頁

終章

深沢孝之編著（二〇一七）アドラー心理学によるスクールカウンセリング入門　どうすれば子どもに勇気を与えられるのか、アルテ、七六～七八頁
コーク・ヴェセル、ヴァン・デア（二〇一六）身体はトラウマを記憶する　脳・心・体の繋がりの回復のための手法、柴田裕之訳、紀伊国屋書店、一六〇～一六二、三三九～三四〇、三五七～三五八頁
小川仁志（2021）元ひきこもりの哲学者が「休ませていただきます」を大問題だと言い切る深い理由、PRESIDENT Online 2021/5/1. https://president.jp/articles/-/45337
ウィルバー・ケン（一九八七）眼には眼を　三つの眼による知の様式と対象域の地平、吉福伸逸・プラブッダ・管靖彦・田中三彦訳、春秋社、三四〇～三六〇頁

モサック・ハロルド、マニアッチ・ミカエル（二〇〇六）現代に生きるアドラー心理学　分析的認知行動心理学を学ぶ、坂本玲子監訳、一光社、一八〇〜一八三頁

おわりに

これまで日本のアドラー心理学関連書は、あるテーマについてアドラー心理学がいかに役に立ち、よいものであるか、ある場面で具体的にどうすればよいかを主張するものがほとんどであった。それは出版戦略としても、著者の専門性を活かすうえでも当然である。おかげで『嫌われる勇気』以降、私が携わらせていただいたものを含め、多くの本が世に出ることができた。それらはきっと多くの人たちの役に立ってきたと信じたい。

今回はそれらとは少し趣を変えて、アドラー心理学を軸に、臨床心理学や発達心理学も参照しながら、人生そのものについて、私なりに表すことにした。ただ、私の興味関心に沿っているので、かなり偏った内容になっていると思う。

アドラー心理学は臨床や教育などでの一人一人の心の治療や成長の支援、あるいは家族や学校、企業などのある程度の規模の集団の支援に強みを発揮してきた。「法則定立的」ではなく、「個性記述的」というのがアドラー心理学の「公式スタンス」である。

しかしアドラー心理学は、「人とは、どのような存在か」「どうすれば幸福になれるのか」などについてのある種の普遍性をうたっているところが実は多い。劣等感とその補償、優越性追求から目的論や全体論などの理論、そして共同体感覚という思想である。それらは、アドラーの人生経験や洞察から導き出され、後継者たちによって整理されたもので、必ずしも科学的な法則というわけではない。ただ、人間理解と支援についてはかなりの強みを発揮し、科学的にも妥当なところは多いのではないかと考えている。それはアドラー以降の多くの臨床心理学派に影響を与えてきたことからもうかがえる。

人間についての大きなマップを描きながら、目の前の人に向き合うのがアドラー心理学的実践だと私は思っている。今回はその大きなマップのところに焦点を当ててみた。アドラー心理学並びに本書で触れたさまざまな理論や情報を、少しでも興味深く感じていただけると幸いである。

本書を執筆するにあたって、僭越ながら、自身の臨床経験の幅と深さには自信があったつもりだが、いざ言語化するにはアドラー心理学についても、それ以外の心理学などの諸学問についても、あまりに勉強不足であることを痛感した。ひきこもりや発達障害、トラウマ、愛着障害などの発達臨床的に重要な問題についてもっと触れたかったが、不十分のままで力尽きた感である。また、調べたり書いたりしながら、「語られていないアドラー心理学」がまだまだ存在することにも気づいた。また出直して、別の機会に発表したい。

今回も企画から最後まで、アルテの市村社長には大変お世話になり、深く感謝している。

そして、長年にわたって、何かと危なっかしい私の発達を支えてくれた母親に深く、深ーく感謝を伝えます。

ありがとう！

二〇二一年初夏

深沢　孝之

◆著者

深沢　孝之（ふかさわ　たかゆき）

1965年、山梨県生まれ。早稲田大学第一文学部心理学専修卒。人間総合科学大学大学院心身健康科学科修了。公認心理師、臨床心理士、臨床発達心理士、シニア・アドラーカウンセラー。心理臨床オフィス・ルーエ代表、山梨県立大学・人間総合科学大学非常勤講師、山梨県スクールカウンセラー等。地域活動として、日本支援助言士協会顧問、全日本柔拳連盟甲府支部長（気功法、中国武術の指導）。監修に『「ブレない自分」のつくり方』（PHP研究所）、共著に『アドラー臨床心理学入門』（アルテ）『臨床アドラー心理学のすすめ』（遠見書房）、編著に『アドラー心理学によるスクールカウンセリング入門』『思春期・青年期支援のためのアドラー心理学入門』『不登校に向き合うアドラー心理学』（アルテ）。

アドラー臨床発達心理学入門

2021年7月25日　第1刷発行

著　　者	深沢　孝之
発 行 者	市村　敏明
発　　行	株式会社　アルテ 〒170-0013　東京都豊島区東池袋2-62-8 BIG オフィスプラザ池袋 11F TEL.03(6868)6812　FAX.03(6730)1379 http://www.arte-book.com
発　　売	株式会社　星雲社 （共同出版社・流通責任出版社） 〒112-0005　東京都文京区水道1-3-30 TEL.03(3868)3275　FAX.03(3868)6588
装　　丁	Malpu Design（清水良洋＋高橋奈々）
印刷製本	シナノ書籍印刷株式会社

ISBN978-4-434-29212-5 C0011